큐티하는 삶이 아름답다

필로는 사랑 주는 책, 사랑받는 책을 만듭니다.

큐티하는 삶이 아름답다

개정초판 1쇄 발행 2023년 9월 5일

지은이 배창돈
펴낸이 고경원
펴낸곳 필 로   **디자인** 필로디자인

등 록 제2013-000233호(2013년 12월 6일)
주 소 서울시 양천구 목동동로 437, 1103
전 화 (02)3489-4300   **팩스** (02)3489-4329
E-mail suvackoh@naver.com

Printed in Korea.

ISBN 979-11-88480-12-8   03230

큐티하는 삶이 아름답다

배창돈 지음

PHILO

큐티는 하나님과의 만남의 시간이다. 매일 큐티를 하는 사람은 어떤 상황에도 주님의 뜻대로 행동할 수 있는 분별력과 어려움을 이길 수 있는 힘을 가지게 된다. 하나님과의 지속적인 교제처럼 가치 있는 것은 없다. 누구와 교제를 하느냐에 따라 삶이 영향을 받는다. 하나님과 교제한 사람들은 인생을 아름답고 풍성한 열매로 채웠다.

큐티는 개인적인 신앙의 성장을 돕는 데 결정적인 역할을 한다. 그러므로 큐티는 성도들의 생활이 되어야 한다. 식사 시간이 삶의 한 부분에 불과하지만 육체를 지탱시켜 주는 에너지를 공급받는 시간인 것처럼 큐티 역시 영적인 에너지를 공급받는 시간이 된다.

성경을 지식적으로 많이 알고 있으면 믿음이 좋은 것으로 착각하는 사람들에게 큐티는 더더욱 필수라고 할 수 있다. 큐티를 통해 하나님의 살아계심을 경험할 때 비로소 성도다운 삶을 살 수가 있기 때문이다. 하나님의 말씀을 삶 속에 적용하지 않는 사람은 신앙생활의 진정한 맛을 보지 못하고 껍데기만 핥는 사람과 같다.

오랜 신앙의 경력과 직분을 자랑할 것이 아니라 매일의 큐티생활이 자랑이 되어야 한다. 큐티를 통해 매일 하나님의 인도하심을 받아 주님 앞에 서는 날 '잘 하였도다 착하고 충성된 종아'라고 칭찬받기를 소원해 본다.

배창돈 목사

Beautiful

차례 ————————

사랑하는 자여 네 영혼이 잘됨 같이 네가 범사에 잘되고

강건하기를 내가 간구하노라 (요삼 25:13)

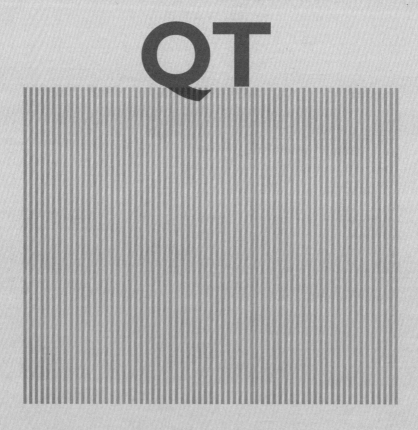

QT

말씀 묵상과 행복

누구나 복 있는 사람이 되기를 원한다. 시편 1편 1-6절에서는 복 있는 사람과 악인을 대조시키고 있다. 여기서 복이란 하나님께서 주시는 것을 말한다. 하나님은 복의 근원이시며 복의 주관자이시며 공급자이시기 때문이다. 그러므로 복 있는 사람이 되려면 하나님을 가까이 해야 한다.

두 종류의 사람

하나님의 말씀을 가까이 하여 하나님의 말씀을 묵상하고 그 말씀대로 살아가는 사람을 복 있는 사람으로 표현하고 있다. 이는 하나님의 말씀을 가까이 하며 사는 것이 복 있는 사람이 되는 지름길임을 알려 주는 것이다. 하나님의 말씀을 가까이 하여 묵상한다는 것은 곧 하나님을 가까이 한다는 것이다. 사랑하는 사람으로부터 편지를 받으면 매일 본다. 너무 많이 봐서 너덜너덜하게 되기도 한다. 어떤 사람은 안주머니에 넣고 다니면서 보기도 한다. 우리를 너무나 사랑하셔서 독생자 예수님을 이 땅에 보내시고, 우리가 지은 죄를 예수님께 담당시킨 사랑의 하나님께서 주신 말씀을 사랑하여 매일 묵상하는 것은 곧 하나님을 사랑하는 사람의 모습인 것이다.

복 있는 사람은 하나님의 말씀을 묵상하므로 하나님의 깊은 뜻을 알고 하나님의 말씀대로 행한다. 말씀을 대하는 자세에 따라 복 있는 사람과 악인이 구분되는 것이다.

악인

악인은 어떤 사람일까? 자신의 꾀를 좇아 노력이나 욕심을 따라 살면 행복을 얻을 수 있다고 생각하는 사람이다. 이런 사람은 인간적이고 세상적인 방법은 다 동원하지만 하나님의 뜻은 철저히 무시한다. 하나님의 말씀을 자신의 생각보다 못하다고 여기기 때문이다.

어떤 일을 결정할 때도 이것이 죄인지 아닌지에 대해서는 관심이 없다. 자신에게 이익이 되면 그만이기에 삶의 목표나 방법이 오직 자신의 뜻을 이루는 것에 초점이 맞추어져 있다. 뿐만 아니라 자기 욕심을 좇아 살면서도 양심의 가책을 받지 않는다.

하나님은 과정과 결과를 모두 중요하게 여기신다. 그러나 악인은 과정을 중요하게 여기지 않고 오직 결과만 보기에 악한 수단과 방법도 서슴지 않고 행한다. 더 나아가 하나님을 믿고 신뢰하는 사람을 오히려 비웃는다.

성경은 악인에 대해 '바람에 나는 겨와 같다'고 말씀하고 있다.

> 악인들은 그렇지 아니함이여 오직 바람에 나는 겨와 같도다 (시 1:4)

알곡이 쓸모가 있고 가치가 있다면, 겨는 쓸모가 없다. 겨와 같은 악인의 삶은 무가치하고 불안정하며 그 결국이 허망한 결과를 가져올 것임을 말씀하는 것이다. 말씀을 묵상하며 사는 사람이 물가에 심기운 나무처럼 흔들림이 없는 것과 대조를 이루는 것이다.

결국 악인은 속고 사는 것이다. 자신의 욕심에 속고, 돈에 속고, 명예에 속고, 이 세상의 유혹에 속는 것이다. 하나님은 '욕심에 속지 말라'고 말씀하신다.

> 오직 각 사람이 시험을 받는 것은 자기 욕심에 끌려 미혹됨이니 욕심이 잉태한즉 죄를 낳고 죄가 장성한즉 사망을 낳느니라 내 사랑하는 형제들아 속지 말라 (약 1:14-16)

복 있는 사람

하나님의 말씀을 묵상하며 사는 사람은 먼저 죄를 멀리한다. 세상적이고 인간적인 꾀를 좇아가지 않기에 죄에 대해서는 민감하게 대처한다. 많은 사람들이 잔꾀를 부리고 자신의 욕심을 위해 살아가지만 말씀을 묵상하므로 죄를 이기게 된다.

시편 기자는 복 있는 사람은 말씀을 주야로 묵상하는 사람이라고 했다.

> 오직 여호와의 율법을 즐거워하여 그의 율법을 주야로 묵상하는 도다 (시 1:2)

사람은 죄에 대해 너무나 유혹을 잘 받는 약한 존재이기에 말씀을 주야로 묵상해야 하는 것이다. 주야로 말씀을 묵상하면 어떻게 될까? 때를 따라 다가오는 죄의 유혹을 이길 수 있다. 화낼 일이 생길 때 말씀을 묵상한 사람들은 말씀으로 위기를 이길 수가 있다.

> 미련한 자는 당장 분노를 나타내거니와 슬기로운 자는 수욕을 참느니라 (잠 12:16)

> 유순한 대답은 분노를 쉬게 하여도 과격한 말은 노를 격동하느니라 (잠 15:1)

그러므로 말씀을 즐거워해야 한다. '즐거워하다'라는 말은 마음이 온통 하나님의 말씀에 집중되어 있어서 지시하는 말씀이 무엇이든지 기쁨으로 행하는 것을 말한다. 결국 복 있는 사람은 하나님만을 신뢰한다. 말씀을 묵상하다 보면 사람이 누리는 좋은 것들이 하나님 아버지께로부터 온다는 확신을 가지게 되기에 말씀대로 행하지 않을 수 없다.

> 온갖 좋은 은사와 온전한 선물이 다 위로부터 빛들의 아버지께로부터 내려오나니 그는 변함도 없으시고 회전하는 그림자도 없으시니라 (약 1:17)

하나님께서는 말씀대로 행하는 사람을 얼마나 기뻐하시는지 분명하게 말씀하셨다.

나를 사랑하고 내 계명을 지키는 자에게는 천 대까지 은혜를 베
푸느니라 (출 20:6)

참으로 상상을 초월하는 축복이다. 하나님께서는 헛된 약속을 하지
않으시기에 하나님의 말씀대로 행하는 것이 얼마나 큰 축복인가를 알
아야 한다.

말씀 묵상의 결과
시편 1편 3절에서 말씀 묵상의 결과를 말씀하고 있다.

그는 시냇가에 심은 나무가 철을 따라 열매를 맺으며 그 잎사귀
가 마르지 아니함 같으니 그가 하는 모든 일이 다 형통하리로다

말씀을 묵상하며 살아가면 잠깐 맛보는 한때의 열매를 맛보는 것이
아니라, 때를 따라 풍성한 열매를 맺는다. 말씀을 묵상하고 살면 어려
움을 당하는 것 같아도 결국 열매를 맺는 것을 보게 된다. 말씀을 묵
상하며 사는 사람은 언제나 결과가 좋은 사람이라고 할 수 있다. 하나
님의 말씀을 묵상하며 살아가므로 가치 있는 삶, 열매가 풍성한 삶을
살아가도록 하자.

큐티를 통해 주신 은혜

평택대광교회에 전도되어 출석하면서 QT를 처음 접하였습니다. 신앙생활이 처음이었고, 믿음도 성숙하지 못했던 저에게는 말씀 묵상은 낯설었습니다. 하지만 순모임에서 순장님이나 다른 형제님들이 말씀을 묵상하며 삶 속에 적용하는 모습을 보며 주님의 말씀은 성경 책 속에만 있는 것이 아니라 삶 속에 있다는 것을 알게 되었습니다.

제자훈련을 통해 경건의 시간을 지속적으로 가지면서 말씀을 저의 삶 속에 적용하는 것과 행하는 것을 배우게 되었습니다. 처음에는 어려웠습니다. 말씀을 이해하는 것도, 그 속에서 적용할 내용을 찾는 것도 어려웠습니다. 하지만 주님은 훈련을 통해 깨닫게 하여 주셨고, 작더라도 나의 삶 속에 구체적인 적용으로 행할 수 있게 하셨습니다.

구체적인 적용은 가정과 직장에서 나의 삶 속에 작은 변화를 일으켰습니다. 적용을 통해 자녀들을 안아 줄 수 있었고, 아내에게 사랑한다는 말도 할 수 있게 하셨습니다. 결단을 통한 주님과의 약속은 기도를 통해 나에게 힘이 되었고, 직장에서도 망설임 없이 복음을 전할 수 있게 하였습니다. 삶 속에 말씀의 행함은 기쁨을 주셨고, 말씀에 대한 순종은 또 다른 감사의 제목을 주셨습니다.

경건의 시간은 힘들고 어려울 때 더 큰 힘이 되었습니다.

예기치 않았던 질병으로 병상에서 움직일 수 없을 때에, 주님은 아내를 통해 말씀 구절을 듣게 하시고, 서로의 결단과 적용을 나눌 수 있는 시간을 허락해 주셨습니다. 그 날은 신명기 말씀을 주셨습니다. 묵상을 통해 저의 모든 것이 주님의 소유이며, 저의 것이 아님을 알게 하여 주시고, 저의 몸과 저의 생명도 주님의 것임을 깨닫게 하여 주셨습니다, 저희 부부가 모든 것을 평안하게 주님께 맡길 수 있는 시간이 되게 하셨습니다. 저희는 지나온 삶을 회개하며, 모든 것이 주님의 은혜임을 고백하였습니다. 온전하지 못한 십일조가 있었는지 점검하며, 감사 헌금을 결단하였습니다.

경건의 시간은 제가 나약해질 때도 저를 깨닫게 해 주시고, 결단을 행할 수 있는 힘이 되었습니다.

은혜를 잊고 주님께 범죄하는 이스라엘 백성들처럼 저는 새로 주신 몸이 제 것인 양, 주님 보다 더 아끼고 사랑하고 있었습니다. 퇴원 후 약해진 몸 때문에 새벽예배를 온전히 드리지 못했고, 이후에도 몸의 회복을 핑계 삼으며 온전하지 못한 삶을 살았습니다. 이런 저에게 주님은 얼마 전 QT를 통해 말씀의 은혜를 주셨습니다. 이사야 말씀을 통해 주님께 돌이키지 않는 이스라엘 백성들의 모습 속에 저의 모습을 보이시고, 새벽예배에 온전할 것을 결단하게 하여 주셨습니다.

결단한 것을 행할 수 있는 힘도 주님이 주십니다. 주님이 기뻐하시는 결단과 결단을 행할 수 있게 간구하는 기도는 나의 힘이 아닌 주님의 힘으로 나의 결단을 행하게 하십니다. 핑계와 유혹으로부터 벗어나게 하시고, 새벽의 기도 시간을 허락해 주셨습니다.

얼마 전 몸에 작은 상처가 생겼습니다. 지혈이 안 되어 며칠 신경 쓰였는데, 오늘 보니 하얗게 새살이 오르고 있습니다. 치유되는 육신을 보며 주님이 죄에 빠져 있고 핑계와 불평이 가득했던 나의 영혼을 경건의 시간을 통해 말씀으로 치유하시고 회복시켜 주셨음을 알게 됩니다. 주님의 말씀은 살아있는 말씀이며 능력의 말씀임을 믿습니다. 저의 영혼에 새살을 돋게 하셨음을 믿습니다.

나의 삶의 주인이신 주님께 감사드리며 모든 영광 주님께 올립니다.

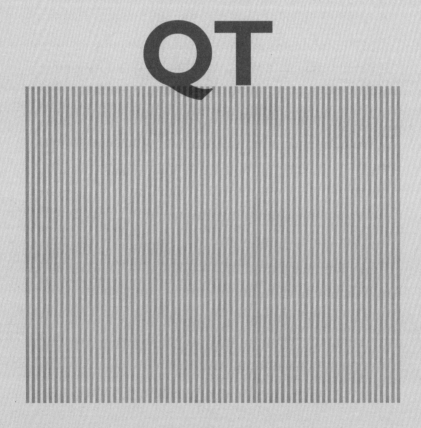

QT

큐티하는 삶이 아름답다

2

효과적인 말씀 묵상

말씀을 묵상하고 결단하지만, 막상 행하지 못하고 말 뿐인 결단으로 끝나는 경우에 말씀 묵상에 대한 회의감을 가지게 되기도 한다. 그래서 말씀 묵상을 해도 변화가 안 된다고 생각하고 아예 손을 놓는 경우를 간혹 보게 된다. 어떻게 효과적으로 말씀 묵상을 할 수 있는지 살펴보도록 하자.

영혼의 중요성 깨닫기

사람들의 기도 내용을 보면 대개 우선 순위가 육적인 것과 관계된 경우가 많다. 자신과 가족의 건강과 미래, 사업에 관한 문제 등 육적인 문제에 대해 주로 기도한다. 기도의 내용과 자세는 자신의 영적인 상태와 연관이 있다. 영혼에 문제가 생기면 여러 가지 문제에 어려움을 당할 수 있다.

말씀을 깨닫고 결단해도 막상 행하지 못하는 이유가 겉으로는 외적인 문제처럼 보이지만 사실은 그 이면에 영적인 문제가 자리 잡고 있는 것이다. 그러므로 말씀의 적용을 위해서 영혼의 문제를 위해 기도해야 한다.

시편을 살펴보면 여러 곳에서 자신의 영혼의 문제를 위해 기도하고 있는 것을 볼 수 있다. 시편 86편 3-4절을 보면 "주여 내게 은혜를 베푸소서 내가 종일 주께 부르짖나이다. 주여 내 영혼이 주를 우러러보오니 주여 내 영혼을 기쁘게 하소서"라고 기도하고 있다.

은혜를 받기 위해서는 간절함이 필요하다. 종일 주께 부르짖는다는 것을 보면 놀라지 않을 수 없다. 특히 시편 기자는 자신의 영혼에 대해 기도하고 있음을 주목해야 한다. 눈에 보이는 육적인 문제는 영혼의 문제가 해결되면 자연스럽게 해결되기 때문이다.

말씀 묵상을 통해 하나님의 은혜를 경험하고자 하는 사람은 먼저 자신의 영혼을 위해 기도해야 함을 명심해야 할 것이다. 이런 점에서 요한삼서 1장 2절은 큰 의미를 주는 말씀이 아닐 수 없다.

> 사랑하는 자여 네 영혼이 잘됨 같이 네가 범사에 잘되고 강건하기를 내가 간구하노라

말씀 적용에 대한 간절함 가지기

말씀대로 행하고자 할 때 사탄은 뒷짐을 진 채 방관하지 않고 행하지 못하도록 적극적으로 방해한다. 이는 하나님의 말씀대로 행하는 것이 얼마나 큰 복인지 잘 알고 있기 때문이다. 그러므로 묵상한 말씀을 지키기 위한 간절함이 있어야 한다. 이런 점에서 시편 119편 145-148절의 말씀은 큰 도전을 주는 말씀이라고 할 수 있다.

여호와여 내가 전심으로 부르짖었사오니 내게 응답하소서 내가
주의 교훈들을 지키리이다 내가 주께 부르짖었사오니 나를 구원
하소서 내가 주의 증거들을 지키리이다 내가 날이 밝기 전에 부르
짖으며 주의 말씀을 바랐사오며 주의 말씀을 조용히 읊조리려고
내가 새벽녘에 눈을 떴나이다.

주의 말씀을 지키기 위해 간절히 부르짖는 모습은 우리가 따라야
할 모범이라고 할 수 있다. 말씀을 지키기 위한 간절함이야말로 말씀
묵상으로 이 세상을 이기고 하나님의 은혜를 경험하게 되는 시작임을
기억해야 할 것이다.

하나님 나라의 동역자 되기

성도의 마음 자세와 목적이 하나님을 기쁘시게 해 드리는 데 있다
면 좋은 열매를 맺을 수 있을 것이다. 그렇다면 말씀 묵상을 통해 자
신의 삶을 인도하시고 만져 주시는 하나님에 대해 경험하는 것에서 더
발전하고 나아갈 필요가 있다. 말씀 묵상을 통해서 하나님을 증거하
는 데까지 갈 수 있다면 가장 이상적인 성도의 모습이라고 할 수 있을
것이다.

하나님의 말씀을 통해 하나님과 교제의 폭이 깊고 넓어질수록 하나
님을 더 많이 전할 수 있다. 또한 전도는 주님께서 이 땅에 오신 목적이
기에 전도자와 함께 하시고 도우시는 은혜를 더 많이 경험할 수 있다.

하나님은 자신을 드러내기를 주저하지 않는 분이시다. 하나님을 가
까이 하여 말씀을 묵상하고 하나님을 증거하는 사람으로 살아간다면

하나님을 더 깊이 알고, 더 많이 알고, 하나님을 경험하는 사람이 될 것이다.

시편 73편 28절에서 우리는 이 사실을 확인할 수 있다.

> 하나님께 가까이 함이 내게 복이라 내가 주 여호와를 나의 피난
> 처로 삼아 주의 모든 행적을 전파하리이다

말씀 묵상을 통해 하나님과의 교제가 깊어질수록 어느 틈엔가 자신이 하나님 나라의 동역자가 되어 있음을 알게 될 것이다. 뿐만 아니라 하나님의 마음을 시원하게 해 드리는 전파자가 되어 있을 것이다.

> 충성된 사자는 그를 보낸 이에게 마치 추수하는 날에 얼음냉수
> 같아서 능히 그 주인의 마음을 시원하게 하느니라 (잠 25:13)

LIFE of QT

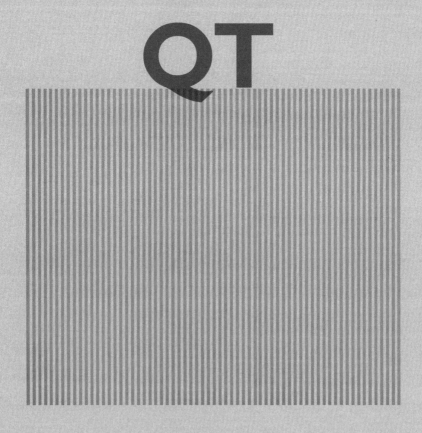

큐티하는 삶이 아름답다

3

말씀 묵상과 주신 은혜 지키기

사무엘상 9장 1~17절에는 나귀를 찾아 나선 한 청년의 이야기가 나온다.

어떤 집에서 암나귀를 잃어버렸다. 아버지는 아들에게 종 한 명을 데리고 가서 암나귀를 찾아오라고 했다. 그 아들은 잘 생기고 키가 컸을 뿐 아니라 겸손하고 예의 바른 청년이었다. 아버지에게 효도도 잘했다. 아들은 이곳저곳으로 나귀를 찾아다니다가 한 선지자를 찾아가서 너무나 놀라운 말을 듣는다. 그것은 하나님께서 자신을 그 나라의 왕으로 삼으신다는 너무나 놀라운 소식이었다. 그리고 선지자는 그에게 기름을 부어 왕으로 삼는다. 이 사람이 바로 사울이다. 사울은 이렇게 생각지도 못한 하나님의 은혜를 입는다. 평생 평민으로 살아갈 청년이 왕이 되었으니 꿈같은 일이 벌어진 것이다.

그런데 꿈같은 일이 우리에게도 일어났다. 하나님께서 우리를 왕자와 공주로 삼아 주셨다. 우리를 만왕의 왕이신 하나님의 자녀로 받아주셨기 때문이다.

영접하는 자 곧 그 이름을 믿는 자들에게는 하나님의 자녀가 되는 권세를 주셨으니 (요 1:12)

우리는 하나님의 자녀가 되었을 뿐 아니라 놀라운 신분을 얻었다.

베드로전서 2장 9절을 보면 "그러나 너희는 택하신 족속이요 왕 같은 제사장들이요 거룩한 나라요 그의 소유가 된 백성이니 이는 너희를 어두운 데서 불러내어 그의 기이한 빛에 들어가게 하신 이의 아름다운 덕을 선포하게 하려 하심이라"고 말씀하신다. 이제부터 우리는 하나님의 자녀답게, 왕 같은 제사장답게 살아야 한다.

지속적으로 말씀 듣기

사무엘은 사울을 왕으로 뽑은 후에 사울에게 어떻게 살아야 하는 지를 말했다.

> 사무엘이 사울에게 이르되 여호와께서 나를 보내어 왕에게 기름
> 을 부어 그의 백성 이스라엘 위에 왕으로 삼으셨은즉 이제 왕은
> 여호와의 말씀을 들으소서 (삼상 15:1)

사무엘 선지자가 왕이 된 사울에게 한 첫 번째 권면은 '여호와의 말씀을 들으소서'라는 말씀이었다. '말씀을 들으라'는 것은 하나님께서 사울을 좋은 통치자로 만들어 주시겠다는 뜻이다.

여호수아가 지도자가 되었을 때 첫 번째 말씀도 역시 하나님 말씀대로 행하라는 것이었다.

> 오직 강하고 극히 담대하여 나의 종 모세가 네게 명령한 그 율법

을 다 지켜 행하고 우로나 좌로나 치우치지 말라 그리하면 어디로
가든지 형통하리니 (수 1:7)

그리스도인 역시 예수님을 믿는 순간 목자이신 예수님의 음성을 들
어야 한다.

내 양은 내 음성을 들으며 나는 그들을 알며 그들은 나를 따르느
니라 (요 10:27)

말씀과 욕심

하나님은 사울이 좋은 왕이 되기를 원하셨다. 그래서 '네 마음대로
하라'고 하지 않으시고, '하나님의 말씀을 듣고 행하라'고 하셨다. 하나
님은 끝까지 좋은 왕이 되도록 책임져 주시려고 한 것이다. 목자가 양
을 인도하는 것처럼 하나님께서 사울왕의 목자가 되어 주시겠다는 약
속이 포함된 말씀이다.

하나님의 음성은 최고의 높은 자리에서도 들어야 한다. 성도들은
어떤 위치, 어떤 상황에서도 하나님의 뜻에 귀를 열고 마음으로 받아
들일 준비를 하고 있어야 하는 것이다.

하나님은 사울에게 아말렉과의 전쟁에서 아말렉과 그들의 모든 소
유를 죽이라고 말씀하셨지만, 사울은 진멸하라는 명령에 온전히 순
종하지 않았다. 좋은 것은 남겨 두었다. 양과 소의 좋은 것을 보니 욕
심이 생긴 것이다. 하나님의 말씀을 지키는 데 욕심이 걸림돌이 된 것
이다.

> 사울과 백성이 아각과 그의 양과 소의 가장 좋은 것 또는 기름진
> 것과 어린 양과 모든 좋은 것을 남기고 진멸하기를 즐겨 아니하고
> 가치 없고 하찮은 것은 진멸하니라 (삼상 15:9)

하나님은 사울에게 왕위를 주셨다. 사울이 자신의 욕심을 포기하고 하나님의 말씀에 온전히 순종했다면 하나님의 기뻐하시는 좋은 왕이 될 수 있었는데 욕심을 따르다가 왕위에서 쫓겨나게 된 것이다. 아무리 좋은 것도 하나님께서 허락하시지 않는 것을 취하면 재앙이 될 수 있다.

순종이 먼저다

하나님은 결코 잘못된 명령을 하지 않으신다. 불순종하는 사람은 자신의 생각이 하나님의 생각보다 더 낫다고 생각하기 때문에 불순종한다. 그러나 어떤 경우에도 사람의 생각이 하나님의 생각보다 더 나을 수 없다. 하나님의 지혜와 지식은 너무나 깊고 오묘해서 헤아릴 수 없다.

로마서 11장 33-34절에서 이 사실을 분명하게 말씀하고 있다.

> 깊도다 하나님의 지혜와 지식의 풍성함이여, 그의 판단은 헤아리
> 지 못할 것이며 그의 길은 찾지 못할 것이로다 누가 주의 마음을
> 알았느냐 누가 그의 모사가 되었느냐

하나님의 뜻이 불합리하게 보여도 언제나 하나님의 뜻이 옳다는 확

신을 가져야 한다. 아브라함이 믿음의 조상이 된 것은 우연한 일이 아니다. 아브라함에게 주신 명령은 인간의 관점에서 보면 불합리했다. 100세에 주신 아들을 제물로 바치라고 하신 것은 불합리하지만 아브라함은 순종했다. 하나님께 순종하는 것이 미래를 얻는 길이요 생명을 얻는 길이다.

> 사무엘이 이르되 여호와께서 번제와 다른 제사를 그의 목소리를 청종하는 것을 좋아하심 같이 좋아하시겠나이까 순종이 제사보다 낫고 듣는 것이 숫양의 기름보다 나으니 (삼상 15:22)

그 무엇보다 순종이 먼저다. 어떤 경우에도 하나님의 뜻에 불순종하는 것은 정당화 될 수 없는 것이다. 하나님께서 우리에게 주신 은혜를 지키지 못하는 이유는 하나님의 말씀을 가볍게 여기기 때문이다.

말씀을 단순하게 행하라

사울왕이 말씀을 버리니 하나님께서도 사울을 버리셨다. 살아계신 하나님의 말씀임을 믿는다면 단순하게 행하라. 그 어떤 생각도 하지 마라. 현재의 상황이나 환경도 보지 말고 그냥 단순하게 행하면 된다. 욕심도 과감하게 버려야 한다. 분명한 것은 하나님 말씀을 듣고 행할 때, 하나님께서는 가장 좋은 길로 인도해 주신다는 것이다.

> 주의 말씀은 내 발에 등이요 내 길에 빛이니이다 (시 119:105)

말씀을 듣고 단순하게 그대로 행하는 것이 반석에 기초를 쌓는 것이다. 하나님의 말씀대로 사는 것이 지혜로운 삶을 사는 것이다. 하나님의 말씀을 듣고 행하므로 하나님께서 주신 은혜의 자리를 지켜야 한다.

> 그러므로 누구든지 나의 이 말을 듣고 행하는 자는 그 집을 반석 위에 지은 지혜로운 사람 같으리니 (마 7:24)

큐티를 통해 받은 은혜

저에게 아침 큐티 시간은 하나님과 인격적인 교제를 나누는 정말 행복한 시간입니다. 하나님과 매일 데이트를 즐기는 큰 기쁨은 무엇과도 바꿀 수 없는 귀한 은혜입니다.

매일 큐티의 시작은 본문을 몇 번 읽어 내려가며 하나님은 어떤 분이신지를 묵상하는 것입니다. 하나님은 이렇게 인자하신 분이신데 말씀의 거울에 비추어 본 제 모습은 제가 미처 생각지도 못할 만큼 죄악된 행실로 가득 차 있습니다. 이기적이고 세속적이고 감정적으로 살아가는 추한 모습의 자신을 만나게 됩니다. 하나님은 말씀으로 저의 생각과 언어와 행동 등 구석구석을 조명하셔서 잘못된 부분들을 찔림 받게 하시고 불순물들은 제거하길 원하십니다. 그 찔림은 때로는 너무 아프기에 받아들이기 힘들 때도 있습니다. 알고 싶지도 않고 인정하기도 싫고 변명만 하고 싶은 모습을 돌이켜 회개케 하시고 깨끗하게 하심으로 새롭게 세워 주십니다. 마치 퍼즐조각 하나 하나가 모두 모여 어느덧 전체 그림이 완성되는 것처럼 매일의 큐티를 통해 제 가치관과 삶이 조금씩 조금씩 변화되고 있음을 느낍니다. 자만심과 교만으로 똘똘 뭉쳐져 있던 저를 말씀으로 새롭게 하셔서 예수님을 닮아가기를 소원하고, 예수님이 하신 일을 나도 하며 살아가고 싶은 꿈을 꾸게 됩니다.

때로는 눈 앞에 벌어지는 삶의 문제들과 씨름하며 그 문제들로 낙심하며 좌절할 때도 있습니다. 그러나 말씀 앞에 서서 하나님께 이 문제를 아뢰고 어떻게 해결해 나가야 할지에 대한 성령님의 인도하심을 구체적으로 받는 은혜를 누릴 수 있음에 감사합니다. 인생의 문제들에만 눈길을 두고 마음을 빼앗겨 두려움으로 살아가는 것을 하나님은 원하지 않으십니다. 지금 바로 이 순간 매일의 큐티를 통해 하나님은 사건과 환경을 바라보며 좌절할 수밖에 없는 연약한 제게 하나님의 음성을 듣게 하십니다. 임마누엘 하나님께서는 제가 그 음성대로 순종하며 살아갈 때 내 삶의 현장에서 하나님을 경험하는 기적과도 같은 은혜를 누리게 하십니다.

에스더 3장 12절~4장 3절에는 하만의 계략으로 유다 민족 전체가 말살될 위기 가운데 유다인이 크게 애통하여 금식하며 울며 부르짖었다는 내용이 나옵니다. 며칠 전 이 말씀으로 큐티를 하면서 위기 상황에 직면한 성도가 이를 이겨낼 수 있는 유일한 방법은 하나님께 간절히 매달리는 기도 뿐임을 깨달았습니다. 경제적 어려움에 직면해 있는 저는 매일 새벽, 그리고 출근하자마자 사업장에서, 또 잠자리 들기 전 하루 세 번 기도하길 결단하고 순종하였습니다. 얼마 후 남편이 하고 있는 일이 생각지도 않게 길이 열려 대기업과 계약을 맺게 되었습니다. 불가능한 일처럼 보였지만, 높은 경쟁율을 뚫고 업체 선정이 되었습니다. 이 일을 통해 우리 가정에 하나님의 일하심을 세밀히 느낄 수 있었습니다.

지금도 저는 코로나 이후 밀어닥친 사업장 재정의 어려움으로 힘든 가운데 있지만 그 문제를 통해 나를 더욱 단련시키시고 성장시키실 하나님을 기대합니다. 매일 나와 함께 하시는 하나님은 큐티를 통해 오늘도 평강과 새 힘을 주십니다. 당면한 문제들을 하나님의 시각으로 바라보며 생각할 수 있는 지혜와 안목을 주시고, 헤쳐나갈 길을 열어주십니다.

오늘도 저는 삶의 현장에서 큐티로 아침에 결단한 말씀을 다시 한 번 묵상하고 기도하며 돌볼 자가 있는지 주위를 둘러봅니다. 저의 손과 발이 필요한 곳이 있는지를 주의를 기울여봅니다. 섬김의 기회를 누리며 살아가고 싶기 때문입니다. 큐티를 통해 먼저 그의 나라와 그의 의를 구하는 자로 살아갈 수 있도록 훈련시켜 주셨음에 무한 감사드립니다. 주님 앞에 가는 그날까지 하나님과 친밀히 교제하며 영혼을 구원하는 하나님 나라의 사역에 쓰임받는 행복한 자로 살아가기를 소망합니다.

너는 마음을 다하고 뜻을 다하고 힘을 다하여
네 하나님 여호와를 사랑하라 오늘 내가 네게 명하는 이 말씀을
너는 마음에 새기고 (신 6:5-6)

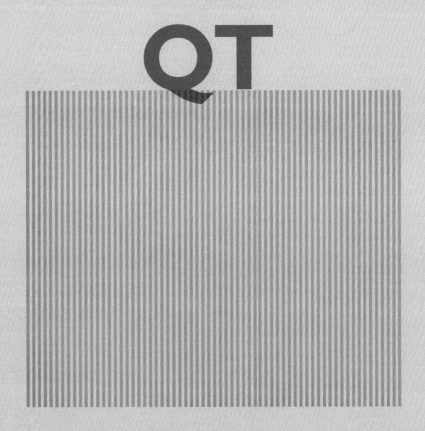

QT

4

다음 세대를 준비하는 말씀 묵상

하나님은 다음 세대인 자녀에 대하여 관심이 많으시다. 하나님은 '알아서 키워라'고 하지 않으시고, 여러 가지를 세밀하게 지시하셨다. 이는 자녀를 잘 양육해야 한다는 뜻이며, 다음세대인 자녀들을 지극히 사랑하고 계심을 알 수 있다. 예수님께서도 어린 아이들에 대한 가치를 인정하시고, 어느 날 어린 아이들이 예수님께 나아오기 원하는 것을 보시고 안고 축복해 주셨다.

자녀는 하나님의 방식으로 키워야 한다. 다음 세대를 이끌어 갈 자녀에게 가장 큰 영향을 주는 것은 부모이다. 자녀는 부모로부터 육체적인 것만 물려받는 것이 아니고, 영적인 것도 함께 물려받는다. 자녀를 하나님의 방식으로 양육하는 부모야말로 최고의 부모이며 좋은 교사라고 할 수 있을 것이다.

부모의 신앙 교육

그리스도인에게 가장 중요한 것 중의 하나는 자녀를 향한 신앙 교육이다. 부모의 신앙 교육은 자녀의 평생을 좌우한다. 신명기 6장 2-3절에서 말씀하고 있다.

> 곧 너와 네 아들과 네 손자들이 평생에 네 하나님 여호와를 경외
> 하며 내가 너희에게 명한 그 모든 규례와 명령을 지키게 하기 위
> 한 것이며 또 네 날을 장구하게 하기 위한 것이라 이스라엘아 듣
> 고 삼가 그것을 행하라 그리하면 네가 복을 받고 네 조상들의 하
> 나님 여호와께서 네게 허락하심 같이 젖과 꿀이 흐르는 땅에서
> 네가 크게 번성하리라

자녀를 향한 바른 신앙 교육은 그 자녀와 손자에게까지 영향을 미친다. 자녀와 후손이 하나님의 복을 받도록 해 주는 복의 통로의 역할을 하는 것이다. 부모가 자녀를 교육할 수 있는 기간은 20년 이내지만, 그 결과는 자녀와 후손의 미래를 결정하는 것이다.

신앙 교육은 하나님을 경외하도록 하는 교육이 되어야 한다. 평생토록 하나님을 경외하도록 만들어야 한다. 하나님은 사랑의 하나님이시지만, 하나님을 향한 우리의 자세는 경외심이다.

'경외'란 두려움이란 말이다. 믿음의 사람들은 하나님을 사랑하고 두려워했다. 하나님을 경외하는 가치는 참으로 대단한 것이다. 하나님을 경외하는 것이 지식의 근본이기 때문이다. 하나님을 경외하면 죄로 인해 이 세상이 타락해 가는 것을 막을 수 있다. 하나님을 경외하는 사람은 악을 미워하기 때문이다.

> 여호와를 경외하는 것이 지식의 근본이거늘 미련한 자는 지혜와
> 훈계를 멸시하느니라 (잠 1:7)

말씀을 묵상하는 부모

자녀를 바르게 키우는 부모가 되기 위해서는 먼저 부모가 말씀을 묵상해야 한다. 말씀을 묵상하여 하나님을 경험하게 되면 말씀을 마음에 새기게 될 것이고, 하나님의 사랑을 나타내는 부모가 될 것이다.

> 너는 마음을 다하고 뜻을 다하고 힘을 다하여 네 하나님 여호와
> 를 사랑하라 오늘 내가 네게 명하는 이 말씀을 너는 마음에 새기
> 고 (신 6:5-6)

하나님은 부모가 성경 지식이 있고 교사의 자격이 있는가를 보시는 것이 아니라, 하나님을 향한 마음의 자세를 보신다. 먼저 마음으로, 성품으로, 힘을 다해서 하나님을 사랑해야 한다. 하나님을 향한 부모의 마음은 자녀에게 전달된다. 그런데 부모가 자녀에게 가르칠 때 위험한 말이 있다.

"너는 아빠보다 하나님께 더 잘해야 한다. 나는 못하지만 너는 신앙 생활을 잘해야 돼!"

맞는 말인 것 같지만 틀린 말이다. 보여주는 교육이 모범 교육이며 참 교육이다.

부모가 말씀을 사랑하고 묵상하는 삶을 살 때, 그 모습은 자녀에게 그대로 전달된다. 매일 하나님의 말씀을 묵상하는 부모라면 당연히 말씀을 마음에 새기게 될 것이고, 자녀에게 그리스도인의 모범적인 삶을 보여주게 될 것이다.

부모는 말씀 묵상으로 말씀을 마음에 새기고 자녀에게 부지런히 말씀을 가르쳐야 한다.

오늘 내가 네게 명하는 이 말씀을 너는 마음에 새기고 네 자녀에게 부지런히 가르치며 집에 앉았을 때에든지 길을 갈 때에든지 누워 있을 때에든지 일어날 때에든지 이 말씀을 강론할 것이며 (신 6:6-7)

자녀에게 지속적으로 인내하며 말씀을 가르치는 부모는 훌륭한 부모라고 할 수 있다. 이것은 말씀 묵상이 생활화된 부모만이 할 수 있는 일이다. 요즘 대부분의 부모는 자녀를 학교와 학원에 맡기고 할 일을 다 한 것처럼 생각한다. 그리고 신앙교육은 교회 교사에게만 맡기고, '교회에서 알아서 해 주겠지'라고 생각한다.

유대인들이 수천 년 동안 나라 없이도 그들의 신앙을 지킬 수 있었던 이유는 그들이 하나님의 말씀과 함께 했기 때문이다. 그래서 대대로 본을 보이는 교육을 할 수 있었다. 하나님께서는 부모에게 입체적인 자녀교육을 하라고 하신다. 말만 하는 교육이 아닌 실제로 보여주는 교육을 하라는 것이다.

신명기 6장 8-9절에 이렇게 말씀하고 있다.

너는 또 그것을 네 손목에 매어 기호를 삼으며 네 미간에 붙여 표로 삼고 또 네 집 문설주와 바깥 문에 기록할지니라

부모의 이마에 성경을 기록하고 집안 곳곳에 성경이 기록되어 있는 가정, 다시 말해서 부모가 본을 보여서 말씀을 묵상하고 행하는 분위기로 만들라는 것이다. 그러므로 성경이 말하는 어린 아이의 최고의 교사는 바로 말씀을 묵상하는 부모인 것이다.

말씀 묵상과 신앙의 유산

매일 큐티를 통해 말씀을 묵상하고 기도하는 삶은 단지 자녀를 신앙으로 양육하는 것에서 더 나아가 가장 값진 유산을 물려주는 것이다. 부모가 매일 말씀을 묵상하는 것은 진정으로 자녀를 사랑하는 것이 된다.

부모가 말씀 묵상으로 주님과 동행하면 그 영향으로 자녀들이 변하게 될 것이고, 자녀들도 말씀 묵상의 삶이 생활화될 것이다. 그 결과는 다음 세대를 살리는 영혼 구원의 역할까지 감당하게 된다. 뿐만 아니라 세상의 타락을 막고 밝은 미래를 열어주는 중요한 역할을 하게 되는 것이다.

정말 자녀를 사랑하는가? 자녀가 하나님께서 인정하시는 성공적인 삶을 살기 원하는가? 그렇다면 당장 말씀 묵상으로 하루를 열어 가야 할 것이다.

QT

5

경건의 시간과 영적 성숙

갓 태어난 아이에게는 젖이 필요하고 어느 정도 성장하면 밥이 필요하다. 지속적으로 밥을 먹지 않는 아이는 건강하게 자랄 수 없다. 지속적인 신앙 성장을 위해서는 무엇보다 영의 양식을 끊임없이 공급받아야 한다. 뿐만 아니라 지속적인 신앙 성장을 위해서 자립 신앙이 반드시 필요하다. 훈련을 받아서 어느 기간 동안 신앙생활을 잘하다가 훈련이 끝나면 본래 모습으로 돌아가 버리는 경우를 자주 볼 수 있다. 이것은 경건의 시간을 통한 하나님과의 만남이 생활화되지 못했기 때문이다. 실제로 훈련을 마쳤음에도 불구하고 제 역할을 하지 못하는 대부분의 경우는 여기에 속한다고 할 수 있다. 큐티야말로 자립 신앙을 세워 주는 가장 큰 원동력이 된다.

경건의 시간(Quiet Time)은 하나님과의 만남의 시간이다. 하나님과의 만남 없이 하루를 시작한다면 그 삶은 하나님의 도움을 기대할 수 없는 매우 건조한 삶이 될 것이다.

대부분의 직장에서는 하루를 시작하기 전에 회의를 한다. 이것은 하루의 일과를 효과적으로 보내기 위한 중요한 시간이 된다. 인생을 장난처럼 사는 사람은 없을 것이다. 누구에게나 단 한 번 주어진 인생을 멋지게 살기 위해서 인생의 창조주이신 하나님의 지시를 받고 도움을 구할 수 있는 시간이 바로 경건의 시간이라고 할 수 있다.

경건의 시간은 이미 1800년대 후반에 영국의 캠브리지 대학생들을 중심으로 하여 영적인 성숙을 위한 훈련으로 크게 유행하여 큰 역사가 나타난 바 있다. 예수님을 믿었다고 다 된 것이 아니다. 갓 태어난 신생아에 불과할 뿐이다. 신생아는 필요한 영양분을 공급받아야 한다. 정상적인 영양분을 공급받지 못하면 미숙아 상태로 머물러 있게 되고 많은 병원균으로부터 공격을 받아 여러 가지 병을 안고 살아갈 수밖에 없는 약한 사람이 되고 말 것이다.

이처럼 영의 양식인 하나님의 말씀을 먹지 않으면 정상적으로 성장할 수 없는 것은 너무나 당연한 이치이다. 경건의 시간은 영적으로 성장하는 귀한 시간이다. 지속적으로(매일) 영양분을 공급받는 것처럼 삶의 활력을 불어 넣어 주는 것은 없을 것이다.

여기서 잠시 경건의 시간이 가져다주는 유익에 대해서 알아보도록 하자.

하나님의 사람으로 온전케 되는 경건의 시간

이는(성경은) 하나님의 사람으로 온전하게 하며 모든 선한 일을 행할 능력을 갖추게 하려 함이라 (딤후 3:17)

태어날 때부터 온전한 사람은 없다. 여러 유형의 기질이 있지만, 하나님의 말씀에 붙잡혀 사는 자들은 기질이 긍정적인 방향으로 쓰임을 받게 된다. 성경에서는 출신 배경과 지식의 정도, 기질 등을 탓하지 않는다. 누구든지 하나님의 말씀과 함께 하는 사람은 온전하게 된다. 실제로 하나님의 말씀으로 변화되는 사람을 주위에서 자주 보게 되는데, 이들의 한결같은 특징은 하나님의 말씀의 권위를 인정하고 하나님의 말씀을 삶 속에 적용하며 사는 사람들이다.

하나님의 말씀을 지식적으로만 알고 있는 사람들의 실제 삶은 세상 사람과 별반 다를 바가 없다. 교회와 세상에서의 삶이 뚜렷하게 구분되는 외식적인 삶을 살 뿐이다. 경건의 시간을 우습게 여기는 사람은 죄의 유혹에 쉽게 넘어갈 수 있다. 경건의 시간을 게을리 하여 쉽게 불의를 범하므로, 하나님의 진노의 대상이 되어서는 안 될 것이다. 주님은 경건한 사람을 통해서 자신의 뜻을 나타내시기에, 오늘도 경건의 시간으로 하루를 시작하는 사람에게 기대하며 인도하실 것이다.

온전한 봉사를 하게 하는 경건의 시간

이는(성경은) 하나님의 사람으로 온전하게 하며 모든 선한 일을
행할 능력을 갖추게 하려 함이라 (딤후 3:17)

성경을 영의 양식으로 섭취하는 경건의 시간을 지속적으로 가지는 사람은 섬김도 다른 차원에서 할 수 있다. 섬김 가운데 일어나는 방해와 유혹, 이기심을 능히 극복하여 주님께서 원하시는 온전한 섬김의 삶을 살 수 있다. 하나님께서 원하시는 선한 일은 경건의 시간을 가지는 사람을 통해서 더욱 빛나게 되는 것이다.

경건의 시간 없이 봉사하는 사람은 자기만족과 불평으로 오히려 덕을 세우지 못하고 다른 지체에게 상처를 주며 공동체의 하나 됨을 깨뜨릴 수 있다. 경건의 시간은 시야를 주님의 인도하심을 믿고 멀리 보게 하고, 자기의 유익을 구하지 않는 성숙한 단계로 나아가게 한다.

자신의 문제를 깊이 회개할 수 있는 경건의 시간

> 하나님의 말씀은 살아 있고 활력이 있어 좌우에 날선 어떤 검보다
> 도 예리하여 혼과 영과 및 관절과 골수를 찔러 쪼개기까지 하며
> 또 마음의 생각과 뜻을 판단하나니 지으신 것이 하나도 그 앞에
> 나타나지 않음이 없고 우리의 결산을 받으실 이의 눈 앞에 만물
> 이 벌거벗은 것 같이 드러나느니라 (히 4:12-13)

하나님의 말씀은 잘못을 지적하고 드러내기에 말씀 앞에서 회개하지 않을 수 없다. 경건의 시간을 통해 말씀을 깊이 묵상하다 보면 찔림을 받아서 자신의 잘못된 죄로부터 돌이키게 되는 것이다. 상처를 치료하지 않고 오래 두면 곪아 터지는 것처럼 영적으로 곪아 터지면 그 고통과 후유증이 심각하다는 것을 알아야 한다. 하나님은 회개하지 않는 사람을 사용하지 않으신다. 이는 깨끗한 그릇이 아니면 아무리 좋은 그릇이라도 쓸모가 없는 것과 같다. 지저분한 그릇에는 그 어떤 것도 담을 수 없다. 만약 담았다고 해도 그 담겨진 음식은 더러워서 먹을 수가 없다.

이런 이야기가 있다. 어떤 학자가 제자들에게 자주 이런 말을 했다.

"죽기 하루 전에 회개를 하라." 그러자 제자들은 이렇게 물었다. "사람이 언제 죽을지 어떻게 압니까?" 학자는 다시 "죽기 하루 전에는 회개를 하라"고 말했다고 한다. 이는 매일 회개하는 삶을 강조한 것이다. 경건의 시간이야말로 자신의 모습을 살피는 가장 좋은 시간이다.

하나님께서 좋아하시는 경건의 시간

> 여호와는 자기를 경외하는 자들과 그의 인자하심을 바라는 자들
> 을 기뻐하시는도다 (시 147:11)

하나님은 자기를 경외하는 사람에게 좋은 것을 주고 싶어 하신다. 또 하나님을 경외하는 사람은 하나님과 매 순간 교제하기를 원한다. 교제가 없으면 아무리 가까운 사이일지라도 멀어질 수밖에 없다. 부모는 자녀의 일거수일투족을 알기 원하고 어려움을 해결해 주고 싶어 한다. 하나님께서도 자녀 된 우리가 지속적으로 하나님께 나아가 아뢰기를 원하신다. 우리의 약점과 연약함을 알고 계시기에 도우시고 인도하기를 원하시는 것이 하나님의 마음인 것이다. 예수님도 새벽 미명에 자신의 사역을 하나님께 낱낱이 아뢰며 경건의 시간을 가지셨는데, 어찌 우리가 경건의 시간을 게을리 하겠는가!

> 새벽 아직도 밝기 전에 예수께서 일어나 나가 한적한 곳으로 가사
> 거기서 기도하시더니 (막 1:35)

큐티를 통해 받은 은혜

큐티를 통해 스스로 말씀을 묵상하며 제 자신을 돌아보고 적용하며 결단을 통해 하나님의 크신 은혜를 경험하는 시간은 제 삶에 있어 너무나 귀한 시간입니다. 매일 밥을 먹어야 건강하듯이 영혼의 양식인 말씀을 매일 묵상하고 행할 때 영적 성장을 가져올 수 있음을 깨닫습니다.

제자훈련을 받으며 큐티하는 방법을 배우면서 처음에는 어렵고 부담스럽기도 했으나, 매일 큐티를 하면서 성경 지식뿐만 아니라 말씀 순종의 결과는 언제나 내가 생각하는 이상의 응답으로 살아 계신 하나님의 풍성한 은혜를 경험하게 하셨습니다. 무엇보다 말씀 적용 대상이 상대방이나 우리가 아니라 언제나 저에게 적용함으로써 회개의 시간을 통해 회복의 기회를 주셨습니다.

만약 제가 큐티를 하지 않는다면 세상 삶에 원망하고 불평하고 분노하며 염려와 두려움에 사로잡혀 힘겨운 하루의 삶이 될 것입니다. 하지만 큐티를 통해 하나님의 음성을 듣고 회개하고 마음의 평안함을 누리며, 적용과 결단 속에 용기와 회복의 경험을 누리며 살아간다는 사실을 저는 확신 합니다.

저는 이른 아침 시간에 말씀 묵상을 할 때 가장 집중이 잘되고 은혜가 됩니다. 6시에 출근해서 업무 시작 전 가장 먼저 큐티하고 기도하는 시간은 저의 일상입니다. 하지만 최근에 게으름으로 인해 출근 시간이 조금씩 늦어지면서 10분도 안되어 끝내는 적도 있고 퇴근 후에 한 적도 있었습니다. 시간에 쫓기다 보니 은혜로운 묵상의 시간을 갖지 못했음을 회개합니다.

또한 큐티를 통해 은혜 받은 것은 혼자 간직하는 것이 아니라 나눠야 더 큰 도전과 은혜가 배가 됨을 깨닫습니다. 아내와 자녀들과 잠자리에 들기 전 간단하게라도 은혜를 나누고 기도하며, 순모임 시간에도 빠짐없이 큐티를 나눕니다. 아직 큐티를 하지 않는 순원들에게도 계속해서 큐티의 중요성을 알리고 스스로 할 수 있도록 권면합니다.

지금까지 큐티를 통해 받은 은혜는 너무나 많습니다. 하나님께서는 큐티를 통해 저를 변화시켜 주셨고 지금도 하나하나 다듬어가시고 예수님의 삶과 인격을 닮아가게 훈련시키십니다.

믿음을 가진 후 아내와 함께 경어를 쓰게 되면서 서로 존중하게 되고 다툼도 거의 없어지게 되었습니다. 그런데 얼마 전 잠자리에 들 무렵 아내가 자녀에게 하는 말이 너무 크게 들려 "목소리가 왜 이리 커요. 좀 조용히 말하세요"라고 하며 먼저 잠자리에 들었습니다. 하지만 아내는 밤새 뒤척이며 잠을 편히 잠을 못 잔 듯 했습니다. 다음날 아침에도 일어나지도 않고 어디 아픈지 아니면 어제 일로 기분이 나쁜지 일어나지도 않고 안색도 좋지 않아 보였습니다. 평소 같으면 출근 전 안아주며 다녀오겠다고 했겠지만 이런 아내를 보면서 오히려 저는 짜증이 났고 말도 없이 출근을 하였습니다. 차를 타고 가면서도 별것도 아닌데 왜 저러는거야 라는 생각을 하며 불쾌하게 출근을 하였습니다. 마음이 불편하니 직장에서도 일이 제대로 될 리가 없었고 모든 것이 아내 때문이라는 생각에 집에 가서 한 마디 하려고 마음을 먹고 있었습니다. 이렇게 하루를 너무나 힘겹게 보내고 퇴근 할 무렵 그 때서야 큐티를 안한 것을 알게 되었습니다. 화들짝 놀란 저는 말씀을 읽고 묵상을 하면서 "아내를 얻는 자는 복을 얻고 여호와께 은총을 받는 자니라"(잠18:22)는 말씀 앞에서 자신을 돌아보게 되었습니다. 하나님께서는 말씀을 통해 아내와의 일을 돌아보게 하셨고 회개하게 하셨습니다. 그리고 조금씩 내 마음의 평안을 찾게 되었습니다. 말씀을 기억하며 집에 돌아와 먼저 아내에게 다가가서 안아주며 용서를 구했습니다. 한참을 말없이 눈물만 글썽이던 아내는 평소에 나즈막한 목소리로 얘기하던 제가 큰 소리로 말한 것에 놀랐고 무엇보다 자신의 큰 목소리가 콤플렉스였던 아내는 가장 잘 이해할 줄 알았던 제가 오히려 지적을 하니 많이 속상했다고 고백하였습니다.

하나님께서는 큐티를 통해 아내를 더욱 귀히 여길 수 있는 은혜를 주셨고 먼저 용서를 구할 수 있는 은혜를 주셨습니다.

순원 중에 사업이 어렵게 되면서 순모임 뿐만 아니라 예배에 나오지 않는 형제가 있습니다. 아무리 연락하여도 답변이 없었지만 그럼에도 자주 안부 문자를 보내고 기도도 참 많이 했습니다. 그러나 어느 순간부터 잊고 지내며 아무런 연락도 하지 않았습니다. 제 마음속에는 이미 돌아오지 못할 것이라고 생각했던 것 같습니다. 그런데 오늘 큐티를 하면서 어려운 자에게 선행을 베풀라는 말씀에 이 형제가 문득 생각나게 하셨고 기도하며 지금 것 확인도 하지 않았던 톡 방이지만 빌립보서 4장6~7절 말씀과 함께 안부 문자를 보냈습니다. 그런데 놀랍게도 몇 개월간 아무런 반응이 없었던 것과 달리 "순장님 감사합니다. 어렵지만 기도해주셔서 잘 견디고 있습니다. 조만간 교회에서 뵙겠습니다"라는 답장이 왔습니다. 순간 말로 표현할 수 없는 기쁨과 함께 하나님은 참으로 놀라우신 분임을 다시 한 번 경험하게 되었습니다. 하지만 한편으로 그 동안 한 영혼이 이렇게 귀한지 모르고 방관했던 제 자신이 너무나 부끄럽고, 순장으로서의 사명을 잘 감당하지 못하고 있음을 깨달았습니다. 앞으로 순원들을 잘 섬겨야 한다는 하나님의 음성을 듣는 귀한 시간이었습니다.

주님 앞에 서는 날까지 큐티를 통해 주님의 기쁨이 되는 자녀, 주님께 쓰임받는 자녀로 살기를 소망합니다.

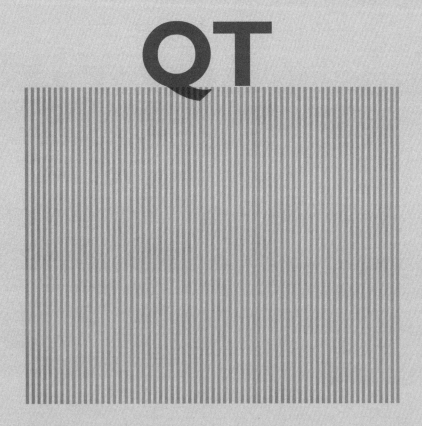

QT

6

경건의 시간과 하나님의 말씀

경건의 시간은 하나님과의 깊은 교제를 통해 삶 속에서 하나님의 일하심을 경험하게 해준다. 하나님의 간섭하심을 경험하기 위해서는 먼저 말씀의 능력을 알아야 한다. 말씀의 능력을 모르고 큐티를 하는 것은 아무런 유익이 없다. 히브리서 4장 12-13절은 하나님의 말씀에 대해서 잘 가르치고 있다.

> 하나님의 말씀은 살아 있고 활력이 있어 좌우에 날선 어떤 검보다
> 도 예리하여 혼과 영과 및 관절과 골수를 찔러 쪼개기까지 하며
> 또 마음의 생각과 뜻을 판단하나니 지으신 것이 하나도 그 앞에
> 나타나지 않음이 없고 우리의 결산을 받으실 이의 눈 앞에 만물
> 이 벌거벗은 것 같이 드러나느니라

하나님의 말씀은 단지 아는 것 자체로는 아무런 유익이 없다. 중요한 것은 행하는 것이다. 행할 때 하나님과 인격적으로 친밀한 관계를 맺게 된다. 그리고 삶과 성품이 변하게 된다. 이 세상에서 갈등하는 수많은 문제를 해결할 수 있는 지침이 되는 하나님의 말씀을 주신 것은 최고의 축복이다. 하나님의 말씀을 순종하여 행하면 말씀을 경험하게

된다. 말씀을 경험하지 못하면 언제나 어린 아이의 상태로 머물게 될 수밖에 없다.

> 이는 젖을 먹는 자마다 어린 아이니 의의 말씀을 경험하지 못한
> 자요 (히 5:13)

오랫동안 신앙생활을 해도 초보적인 단계에 머물러 있는 사람의 행실을 죽은 행실이라고 한다. 그렇다면 어떻게 살아 있는 행실을 보일 수 있나?

> 그러므로 우리가 그리스도의 도의 초보를 버리고 죽은 행실을 회
> 개함과 하나님께 대한 신앙과 (히 6:1)

살아 있는 하나님의 말씀

하나님의 말씀은 사람의 글과 다르다. 이는 하나님께서 직접 우리에게 주시는 말씀이기 때문이다. 아버지가 부르는 대로 아들이 편지를 대필했다고 해서 아버지의 글이 아니라고 말할 수 없듯이, 신구약 성경을 기록한 사람이 40여 명에 달하지만, 하나님께서 사람들을 성령으로 감동시켜 기록했기에 분명 하나님의 말씀인 것이다.

"모든 성경은 하나님의 감동으로 된 것으로 교훈과 책망과 바르게 함과 의로 교육하기에 유익하니"라고 한 디모데후서 3장 16절 말씀을 통해서 더욱 확실하게 알 수 있다.

예를 들어 성경에 기록된 예수님의 예언들이 모두 성취되었는데, 그 대표적인 예로 미가 5장 2절에 예수님의 출생지에 대한 예언, 스가랴 11장 12절에 예수님이 팔릴 금액에 대한 예언, 시편 69편 21절에 쓸개 탄 포도주에 대한 예언을 들 수 있다. 하지만 이것은 예수님에 대한 예언 중에 일부에 지나지 않는다.

하나님의 말씀의 근원은 성부 하나님이시다. 하나님은 말씀을 통해 예정하셨고(엡 1:4), 말씀을 통해 창조하셨으며(창 1:1), 말씀대로 역사를 이루고 계시기에 말씀은 지금도 살아 있다. 그러므로 성경이 살아 있음을 믿는 사람들에게 살아 역사하는 능력의 말씀인 것이다. 성경을 살아 있는 하나님의 말씀으로 믿는 순간 하나님의 일하심을 경험하게 될 것이다.

운동력 있는 하나님의 말씀

생명이 있는 것은 운동력이 있다. 하나님의 말씀이 생명력이 있기에 운동력이 있다. 하나님께서 성령을 통하여 그의 말씀에 임하시기에 말씀은 강력한 힘으로 사람들을 설득하고 변화시키며 위로를 준다. 하나님의 말씀은 창조의 능력이 있고 치료의 능력도 있다. 말씀 앞에서는 죽은 자도 살아나며, 소경과 귀머거리, 38년 된 병자, 문둥병자 등 그 어떤 병도 낫게 하셨다. 그리고 죄성에 끌려 다니던 인간을 변화시켜서 주님의 제자로 살게 하셨다.

하나님의 말씀은 어떤 한 지역에 제한을 받지 않고, 시간과 공간을 초월하여 미치지 않는 곳이 없다. 예를 들어 말씀의 약속을 믿고 외국에 있는 친구를 위해서 기도하면 기도의 능력이 말씀대로 수만 리 밖에까지 역사하는 것이다. 이처럼 하나님의 말씀은 강력한 운동력을 가졌으며, 인간의 생각을 초월하는 넓은 범위의 운동력을 가지고 있다.

칼보다 예리한 하나님의 말씀

하나님의 말씀을 좌우에 날선 어떤 검보다 예리하다고 했다. 칼은 어디에 사용하는가? 새로운 것을 만들거나 수술할 때 사용한다. 수술할 부분을 자르고, 더러운 부분을 도려내어 치료하는 도구가 바로 칼인 것이다. 하나님의 말씀은 그 어떤 칼보다 예리하기에 어떤 병도 치료할 수 있다. 죽은 자로부터 시작해서 못 고칠 병이 없다.

더욱이 죽었던 영혼까지 말씀으로 다시 살리신다. 어떤 문제도 말씀으로 해결하지 못할 것은 없다.

> 너희가 거듭난 것은 썩어질 씨로 된 것이 아니요 썩지 아니할 씨로 된 것이니 살아 있고 항상 있는 하나님의 말씀으로 되었느니라 (벧전 1:23)

심령에 평안을 주는 하나님의 말씀

> 주의 법을 사랑하는 자에게는 큰 평안이 있으니 그들에게 장애물이 없으리이다 (시 119:165)

하나님의 말씀은 심령에 큰 기쁨을 가져다준다. 하나님의 말씀을 통해서 치유함을 받은 자들의 기쁨과 소망은 그 무엇과도 비교할 수 없다. 하나님의 말씀은 양면에 날이 있는 성령의 검으로써(엡 6:17), 어떤 장소도 뚫고 들어갈 수 있고, 날카롭게 해부할 수 있다. 지금까지 잘못 길들여진 성격을 찔러 쪼개기까지 하는데, 오랫동안 교만하던 영혼을 겸손하게 하며, 불순종하던 사악한 영혼이 온유한 영혼으로 변화되어 순종하게 된다. 이처럼 하나님의 말씀은 좌우에 날선 어떤 검보다도 날카롭기에 영혼의 병든 부분과 함께 관절과 골수(육적인 병)까지도 찔러 쪼갠다. 말씀의 능력을 신뢰할 때 하나님의 은혜를 경험할 수 있음을 기억해야 한다.

마음의 생각과 뜻을 감찰하시는 하나님의 말씀

하나님의 말씀은 은밀하게 숨겨진 내면의 문제까지 감찰하신다. 하나님의 말씀을 묵상하다보면 자신의 잠재의식 속에 숨겨져 있던 것까지 드러난다. 어떤 것도 창조주 하나님 앞에서는 숨길 수 없기 때문이다. 자신의 문제들(약점과 병든 상처 등)이 노출되면 하나님의 말씀으로 치유를 받을 수 있다. 이는 하나님의 말씀이 하나님의 속성인 전지하심과 일치하기 때문이다. 그래서 히브리서 4장 13절에서는 "지으신 것이 하나도 그 앞에 나타나지 않음이 없고"라고 하셨다. 하나님의 말씀을 대하는 시간이 귀중한 것은 하나님께서 누구도 지적하지 않는 자신의 문제점을 말씀을 통해서 깨닫게 해 주시고 삶 속에 적용하여 고쳐 주시기 때문이다.

하나님의 말씀을 통해 알려 주시고 회개의 기회를 주시니, 이 얼마나 감사한 일인가?

모든 교회가 나는 사람의 뜻과 마음을 살피는 자인 줄 알지라 내
가 너희 각 사람의 행위대로 갚아 주리라 (계 2:23)

묵상과 삶에 적용할 때 축복이 되는 하나님의 말씀

경건의 시간을 통해서 하나님의 말씀을 삶에 적용하는 순종의 자세
를 가질 때 행복을 누릴 수가 있다. 자신의 힘으로 진정한 행복을 누리
는 사람은 드물다. 하나님의 말씀에 순종할 때 행복이 주어진다는 사
실을 깨닫고 나면 순종하지 않을 수 없다. 신명기 10장 13절 말씀에서
이 사실을 잘 말씀하고 있다.

내가 오늘 네 행복을 위하여 네게 명하는 여호와의 명령과 규례
를 지킬 것이 아니냐

말씀을 삶 속에 적용하며 순종할 때 주어지는 축복에 대해서 구체
적으로 살펴보자.

첫째, 하나님의 말씀으로 소망을 가지고 살게 된다.

소망이 없는 사람처럼 무의미한 삶을 살아가는 사람도 없을 것이
다. 우리는 현재의 인생만을 살고 그만두는 것이 아니라, 미래의 보장
이 있는 영적인 피조물이기에 소망을 가지고 살아야 한다. 하나님의
말씀을 적용하여 순종하는 사람은 소망을 가지고 살게 된다.

주의 종에게 하신 말씀을 기억하소서 주께서 내게 소망을 가지게
하셨나이다 (시 119:49)

그들로 그들의 소망을 하나님께 두며 하나님께서 행하신 일을 잊

지 아니하고 오직 그의 계명을 지켜서 (시 78:7)

소망을 가진 사람의 두드러진 특징이 바로 하나님의 말씀에 순종하는 것이다. 소망을 가진 사람의 특징을 알아보면,

① 기뻐하며 찬송하는 생활을 하게 된다. (시 71:14)

② 소망을 가지고 즐거워하게 된다. (롬 12:12)

③ 항상 기도 생활을 하게 된다. (딤전 5:5)

④ 어려운 중에서 인내하게 된다. (살전 1:3)

⑤ 확신과 자랑을 끝까지 굳게 잡으려고 한다. (히 3:6)

⑥ 경건을 위하여 수고하고 노력한다. (딤전 4:10)

⑦ 자신의 깨끗함을 위해 노력한다. (요일 3:3)

하나님의 말씀에 순종하는 사람은 소망의 확신을 통해서 풍성한 열매를 얻게 될 것이다.

둘째, 하나님의 말씀에 순종하면 여러 가지 면에서 건강하게 된다.

하나님의 말씀을 순종할 때 누리는 복은 여러 부분에서 나타난다. 특히 개인적으로 영적, 육적인 건강을 얻게 된다. 건강하지 못하면 아무것도 할 수 없고 열매를 맺을 수 없다. 몸의 건강 역시 인간에게 빼놓을 수 없는 축복임에 틀림없다. 말씀에 순종하면 마음의 건강과 함께 육의 건강을 소유할 수 있다. 시편 128편 1, 6절에 보면 '여호와를 경외하며 그의 길을 걷는 자마다 복이 있도다. 네 자식의 자식을 볼지어다'라고 강건함에 대해서 약속하고 있다. 에베소서 6장 1-3절에서는

자녀들에게 '주 안에서 부모에게 순종하면 장수하리라'는 약속을 주고 있다. 이처럼 말씀에 순종하면 육의 건강을 소유할 수 있다.

셋째, 하나님의 말씀을 순종하면 물질의 복을 받는다.

이 세상 사람들의 가장 큰 관심은 물질이다. 그런데 물질의 창고는 하늘에 있다. 하나님께서는 순종하는 사람들에게 물질을 주겠다고 약속하고 계신다.

> 네가 네 하나님 여호와의 말씀을 청종하면 이 모든 복이 네게 임하며 네게 이르리니 성읍에서도 복을 받고 들에서도 복을 받을 것이며 네 몸의 자녀와 네 토지의 소산과 네 짐승의 새끼와 소와 양의 새끼가 복을 받을 것이며 네 광주리와 떡 반죽 그릇이 복을 받을 것이며 네가 들어와도 복을 받고 나가도 복을 받을 것이니라
> (신 28:2-6)

하나님은 순종하는 사람에게는 복을 주신다고 말씀하셨다. 하나님의 말씀에 순종할 때, 그 사람과 가족들 뿐 아니라 가축까지 아낌없이 축복하겠다고 말씀하셨다. 하나님께서 주시고자 하는 많은 복을 누리며 살 수 있는 길이 하나님의 말씀 속에 있고, 순종할 때 그 복을 소유하게 되는 것이다.

넷째, 하나님의 말씀에 대한 순종이 자연에까지 영향을 끼친다.

사람들이 불순종할 때마다 하나님은 진노하셨고 그 진노는 자연에 나타났다. 소돔과 고모라 사람들의 타락으로 소돔 성과 고모라 성이

불바다가 되어서 그 주위의 자연이 함께 불타는 저주를 받았고, 노아의 홍수 때는 모든 식물과 생물이 죽임을 당했다. 하나님께서 만드신 아름다운 자연이 사람들의 방탕과 무질서 때문에 오염되고 파괴되어 가고 있다. 하나님의 말씀에 순종할 때 자연은 그 아름다운 모습을 맘껏 드러낼 뿐 아니라, 오랫동안 보존된다는 사실을 알아야 한다.

나의 영혼이 잠잠히 하나님만 바람이여
나의 구원이 그에게서 나오는도다 (시 62:1)

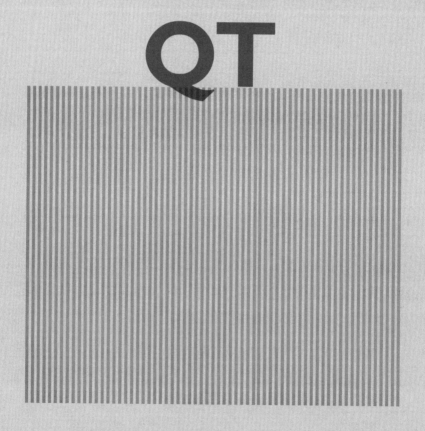

큐티하는 삶이 아름답다

7

말씀 묵상의 핵심

사탄은 사람을 속이는 데 재미를 보고 있다. 하와로부터 시작된 속임은 오늘까지 계속되고 있다. 하나님의 말씀대로 행하면 손해를 볼 것 같은 불안한 마음을 갖게 하고, 믿음의 사람들을 따라가기에는 도무지 불가능하다며 아예 좌절하게 만들려고 노력한다. 그러나 하나님은 우리를 기대하고 계신다. 아버지가 탕자 아들을 사랑하여 돌아오기를 기다리시는 것과 같은 것이다.

말씀 묵상의 초점을 하나님께 맞추라

말씀을 보면서 인물이나 사건, 일에만 집중하면 하나님을 바라볼 수 없다. 하나님이 보이지 않으면 기도할 수 없고 도리어 낙망할 수 있다. '나는 할 수 없구나'하는 생각이 들게 된다. 그래서 무엇보다 먼저 하나님의 마음을 확인하려고 애를 써야 한다. 그럴 때 하나님과의 교제가 시작된다.

"하나님은 이 문제를 어떻게 생각하세요?"

"하나님은 제게 무엇을 말씀하고 싶으세요?"

"하나님은 이런 경우 어떻게 하세요?"

하나님은 우리를 향해 기대하신다

하나님은 우리가 지킬 수 없는 말씀은 하시지 않는다. 지킬 수 있는 말씀을 우리에게 주신다. 그리고 기대하고 계신다. 우리를 향한 사랑 때문에 자신의 외아들을 십자가에 못 박으신 분이 아닌가! 그렇다면 어떤 경우에도 기대를 저버리지 않으시는 것은 당연한 것이다. 그런 점에서 우리가 먼저 하나님의 사랑을 깊이 이해하는 것이 중요하다.

하나님의 관점에서 생각하라

어떤 일을 당할 때 내 입장에서 생각하면 문제가 해결되기보다 오히려 더 복잡해지고 어려워진다. 그러나 하나님의 마음을 생각하고 깊이 묵상하면, 내 욕심과 이기적인 마음에서 벗어날 수 있다. 그럴 때 내게 손해를 끼치고 아픔을 준 사람을 이해하고 받아들이기 위해 노력하게 된다. 비로소 주님을 닮아가게 되는 것이다.

하나님의 관심사에 집중하라

대부분의 경우 자신의 관심사에 집중한다. 그러나 하나님의 말씀을 묵상하는 삶을 살면 하나님의 관심사에 집중하게 된다. "하나님은 여기에 관심이 있으시구나"라며 하나님의 뜻을 발견하게 되고 그것을 자신에게 주신 비전으로 받아들이게 된다. 이것은 내가 하나님과 같은 마음을 가지게 되는 것을 말한다. 비전을 품게 되면 행하는 방향과 방법까지 하나님의 처리 방법에 관심을 가지게 된다. 하나님의 뜻을 알고 그 뜻에 관심을 집중해서 행하는 것이야말로 믿음의 사람의 모습이라고 할 수 있을 것이다.

큐티의 은혜

제가 처음 큐티를 접할 때는 큐티가 무엇인지도 모를 때였습니다. 그저 아내가 하는 것을 보면서 매일 숙제 하듯 하는 큐티가 너무도 재미없어 보였습니다. 아침에 일찍 일어나서 새벽예배를 가고 다녀와서 바로 성경을 읽고 말씀을 묵상하고 그 말씀에 대해 생각하고 그 말씀을 삶에 적용하고 실천해야 한다는 것들이 너무도 나에게는 와닿지 않았습니다. 또 출근 준비로 바쁜 아침 시간에 큐티를 한다는 것은 절대로 저에게 있을 수 없는 일이었습니다. 가끔 순모임 시간에 순장님과 순원들이 큐티를 함께 나누는 시간도 있었지만 저에게는 하나의 이야기에 지나지 않았습니다.

그러던 어느 날 뜻하지 않게 받게 된 제자훈련을 통해서 큐티를 배우고 직접적으로 접하게 되고 또한 저도 큐티를 하게 되었습니다. 무엇을 어떻게 해야 하는지 막막했지만 큐티하는 방법과 목사님의 가르침 덕분에 큐티를 조금씩 이해하며 할 수 있었습니다.

처음에는 말씀을 읽고 이 말씀을 토대로 어떻게 내 삶에 적용해야 하는지 도무지 감도 오지 않았지만 기도하고 말씀에 집중하고 생각하니 그날그날 조금씩 말씀이 내 마음에 들어왔습니다. 하루하루 큐티를 하면서 처음에는 저에게 아무런 변화가 없었습니다. 그런데 시간이 지날수록 그날의 말씀이 생각나고 결단한대로 지키려고 노력하는 저의 모습이 보였습니다.

또한 큐티를 통해서 많은 은혜도 누리게 되었습니다. 감사할 줄 아는 마음도 생기게 되었고 하나님께 전적으로 의지하고 맡기며 다른 사람을 위해 기도하는 마음도 생기게 되었습니다. 무엇보다도 큐티를 하면서 내가 잘못했던 일들이나 적용하고 결단한 것들을 지키지 못했을 때 다음날 큐티를 통해서 말씀을 다시금 묵상하고 지키려고 노력하면서 점점 말씀에 순종하는 사람으로 성장하고 있음을 느낍니다.

하루를 큐티로 시작한다는 것은 가슴벅찬 일입니다. 큐티를 할 때와 안할 때는 분명한 차이가 있음을 깨달을 때도 많습니다. 큐티는 매일 그날 하루를 말씀을 토대로 내가 어떻게 살아가야 하는지에 대한 나침반과도 같은 존재입니다. 삶에서 때로는 위기가 있고 때로는 기쁨도 있지만 언제나 어떤 상황에서도 하나님의 말씀 속에서 내가 가야 할 방향과 삶의 지혜를 얻습니다. 근심과 걱정이 있을 때 해결할 방법을 생각나게 하시고, 죄 가운데 있을 때 돌이키게 하십니다. 기쁨과 즐거움이 있을 때는 함께 나눌 방법도 제시해 줍니다.

얼마 전 이사야서 큐티를 한 적이 있습니다. 본문에서 아하스왕이 부지깽이와 같은 연약한 연합 군대가 쳐들어온다는 소식에 지레 겁을 먹고 두려워 떨고 있을 때 하나님은 선지자 이사야를 통해서 결코 두려워하지 말라. 굳게 믿음을 가지라고 말하고 믿음이 없으면 너는 쓰러질 것이라고 하셨습니다. 이 말씀의 내용을 묵상하던 중 저는 큰 깨달음을 얻게 되었습니다. 자녀들과 아내가 자꾸 아프고 무슨 큰 병이라도 생길까봐 걱정 근심에 싸여 하나님을 의지하지 않고 병원에 가라는 잔소리를 계속 하고 있는 저의 모습을 보게 되었습니다. 저는 아하스왕처럼 작은 일에 두려워 떨고 있었던 것입니다. 만왕의 왕이신 하나님을 신뢰하고 기도해야 하거늘 기도는 뒷전이고 잔소리만 해댄 것입니다. 이처럼 큐티를 통해서 하나님은 나의 작은 일까지도 세밀하게 말씀으로 깨우쳐주시고 인도하심을 깨닫게 되었습니다. 그리고 이 일을 통해서 자녀들과 아내를 위해 더욱 기도하겠다는 결단도 내렸습니다. 지금은 걱정보다는 자기 전에 자녀들과 기도로 하루를 마감합니다.

　나에게 있어 큐티란 어둡고 긴 터널을 함께 동행하시는 주님의 빛과 같습니다. 앞이 보이지 않고 어둡기만 한 인생이지만 큐티를 통해 주님의 인도하심을 받기에 결코 그 터널은 무섭지 않습니다. 늘 말씀대로 살아가려고 노력하며 결단하고 순종하는 시간들을 주신 하나님께 모든 영광을 올려 드립니다.

LIFE
of
QT

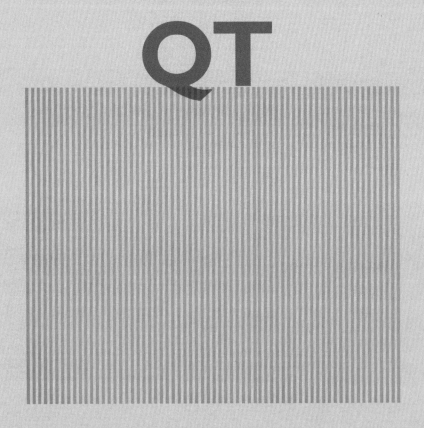

큐티하는 삶이 아름답다

8

경건의 모범적인 모델

경건의 시간은 어느 개인이 발견한 새로운 방법이 아니다. 오래전부터 하나님과의 만남을 원했던 사람들이 가졌던 교제의 시간이다. 예수님과 이삭, 모세, 다윗, 다니엘, 그리고 시므온, 바울 같은 믿음의 사람들은 경건의 훈련을 위해서 수고하고 진력했다.

> 이(경건)를 위하여 우리가 수고하고 힘쓰는 것은 우리 소망을 살아 계신 하나님께 둠이니 곧 모든 사람 특히 믿는 자들의 구주시라 (딤전 4:10)

예수님

> 새벽 아직도 밝기 전에 예수께서 일어나 나가 한적한 곳으로 가사 거기서 기도하시더니 (막 1:35)

> 이 때에 예수께서 기도하시러 산으로 가사 밤이 새도록 하나님께

기도하시고 밝으매 그 제자들을 부르사 그 중에서 열둘을 택하여
사도라 칭하셨으니 (눅 6:12-13)

예수님은 참으로 바쁘게 사역하셨다. 하루 중 거의 쉬는 시간이 없
이 일하셨다. 말씀을 가르치시고, 병자를 고치시고, 여러 지방을 두루
다니시는 전도 여행 중에도 하나님과 교제의 시간을 가지셨다. 특히
새벽 미명에 한적한 곳을 찾아 기도하셨고, 큰 일(제자 선택, 십자가의 죽
음)을 앞두고는 철야 기도를 하셨다. 예수님도 경건의 시간을 가지셨는
데 하물며 나약한 인간인 우리에게 경건의 시간이야말로 가장 우선순
위에 두고 가져야 할 보배로운 시간이 아니겠는가!

이삭

이삭이 저물 때에 들에 나가 묵상하다가 눈을 들어 보매 낙타들
이 오는지라 (창 24:63)

이삭이 그의 아내가 임신하지 못하므로 그를 위하여 여호와께 간
구하매 여호와께서 그의 간구를 들으셨으므로 그의 아내 리브가
가 임신하였더니 (창 25:21)

화목하기를 원한 사람이며, 온유한 사람이었던 이삭은 기도의 사람
이었다. 이삭이 신부감을 기다리며 묵상하고 있다는 말씀에서, '묵상'
이라는 단어는 '기도'라는 단어보다 더 인상적이라고 할 수 있을 것이

다. 이삭은 단을 쌓는 일에 열심인 예배의 사람이었다. 이삭은 어려운 일을 만났을 때나 소원이 있을 때 기도하는 것을 잊지 않았다. 특히 블레셋 사람들이 자신이 판 우물을 메우고 시비를 걸 때도 인내하므로 참고 다투지 않았던 요인 중에 하나가 바로 하나님과의 교제를 통한 결과라고 할 수 있다.

모세

> 오늘 내가 네게 명하는 이 말씀을 너는 마음에 새기고 네 자녀에게 부지런히 가르치며 집에 앉았을 때에든지 길을 갈 때에든지 누워 있을 때에든지 일어날 때에든지 이 말씀을 강론할 것이며 (신 6:6-7)

> 이 사람 모세는 온유함이 지면의 모든 사람보다 더하더라 (민 12:3)

모세는 말씀의 중요성을 그 누구보다도 실감한 사람이다. 그는 직접 하나님의 명령을 받았기에 말씀에 대한 순종이 얼마나 중요한지를 알았다. 하나님은 말씀을 마음에 새기라고 하셨다. 어떤 상황, 어떤 위기에서도 말씀을 마음에 새긴 사람은 하나님으로부터 보호를 받을 수 있다. 모세에 대한 하나님의 평가는 우리가 생각하는 것 이상이다. 젊었을 때 혈기로 애굽 사람을 죽이기까지 한 모세가 이런 사람이 된 것은 하나님과의 교제의 시간 때문이라고 볼 수 있을 것이다.

다니엘

다니엘이 이 조서에 왕의 도장이 찍힌 것을 알고도 자기 집에 돌아가서는 윗방에 올라가 예루살렘으로 향한 창문을 열고 전에 하던 대로 하루 세 번씩 무릎을 꿇고 기도하며 그의 하나님께 감사하였더라 (단 6:10)

곧 네가 기도를 시작할 즈음에 명령이 내렸으므로 이제 네게 알리러 왔느니라 너는 크게 은총을 입은 자라 그런즉 너는 이 일을 생각하고 그 환상을 깨달을지니라 (단 9:23)

다니엘은 어릴 때부터 경건하고 세상을 본받지 않았다. 다니엘은 기도의 사람이었으며 최악의 상황에도 감사하였다. 이는 다니엘이 항상 하나님 앞에서 살았고, 하나님을 경외하는 사람이었기에 가능했다. 자신을 죽이기 위한 조서에 어인이 찍힌 것을 알고도 평소처럼 기도하는 다니엘의 모습을 통해서 하나님과의 관계를 가장 중요시했음을 알 수 있다. 경건한 다니엘은 하나님으로부터 크게 은총을 입은 사람으로 한평생을 살았던 것이다.

다윗

나의 영혼이 잠잠히 하나님만 바람이여 나의 구원이 그에게서 나오는도다 (시 62:1)

내가 나의 침상에서 주를 기억하며 새벽에 주의 말씀을 작은 소
리로 읊조릴 때에 하오리니 (시 63:6)

다윗의 생애는 온통 경건을 위한 노력으로 가득 차 있다고 볼 수 있
다. 시편을 보면, 그가 얼마나 하나님과의 교제를 열망하고 있는지 잘
알 수 있다. 특히 고난 가운데 외롭고 절망적일 때(사울에게 쫓겨 피난 생
활을 할 때)와 범죄했을 때(우리아의 아내 밧세바를 범한 후)에도 하나님과
의 만남을 간절히 원했다. 이처럼 다윗이 경건의 시간을 꾸준히 가졌
기에, 그의 삶이 더욱 힘있고 아름다웠다고 할 수 있다.

시므온

예루살렘에 시므온이라 하는 사람이 있으니 이 사람은 의롭고 경
건하여 이스라엘의 위로를 기다리는 자라 성령이 그 위에 계시더
라 (눅 2:25)

시므온은 예루살렘의 유명한 성도이며 성령의 감동을 받은 사람으
로, 그리스도를 보기 전에는 죽지 않겠다고 하더니, 과연 아기 예수께
서 부모에게 안겨 오는 것을 보고 기뻐하며 예수님을 받아 안고, 하나
님을 찬송한 사람이다.

예수님을 만날 것을 소망으로 삼고 사는 사람은 경건한 삶을 살아
야 한다. 경건의 삶을 위해서 어떤 노력을 하고 있는지 자문자답해
보자.

고넬료

> 가이사랴에 고넬료라 하는 사람이 있으니 이달리야 부대라 하는 군대의 백부장이라 그가 경건하여 온 집안과 더불어 하나님을 경외하며 백성을 많이 구제하고 하나님께 항상 기도하더니 (행 10:1-2)

경건을 위해 노력한 고넬료는 온 가족이 하나님을 경외하는 사람이었다. 고넬료는 이방인 중에서 처음으로 부르심을 받은 사람이다. 하나님께서 이방인 중에서 가장 먼저 선택한 사람의 기준은 경건한 사람이었다. 이는 하나님께서 경건한 자를 얼마나 높이 평가하시는가를 잘 보여준 단면이라고 할 수 있을 것이다.

그 외의 경건한 사람들

이 밖에도 경건한 사람으로는, 주님의 명령을 받들어 직가로 가서 바울에게 안수하여 눈을 뜨게 한 아나니아(행 9:12)와, 스데반을 장사한 사람들(행 8:2)이 있었다.

LIFE
of
QT

육체의 연단은 약간의 유익이 있으나 경건은 범사에 유익하니
금생과 내생에 약속이 있느니라 (딤전 4:8)

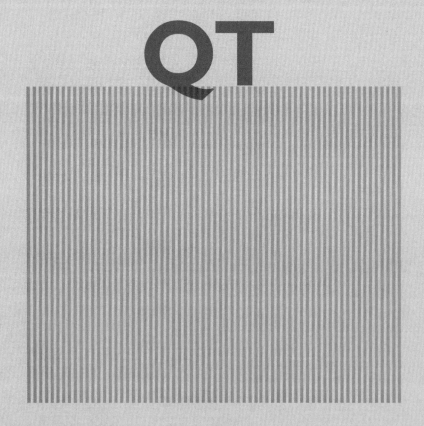

QT

큐티하는 삶이 아름답다

경건의 유익

하나님은 우리가 경건한 사람이 되기를 원하신다. 경건하지 않은 사람을 결코 일꾼으로 선택하지 않으셨다. 이는 신앙의 선배들을 통해서 잘 알 수 있다.

지속적인 경건에 실패하여 인생을 그르치는 사람을 많이 볼 수 있다. 그런데 다윗은 한 때 죄를 범했지만 경건에 대한 노력으로 하나님과의 관계가 회복될 수 있었다. 이것은 지속적으로 경건의 시간을 가지며 살아가는 것이 인생을 세워 주는 지렛대 역할을 한다는 사실을 보여 준다. 하나님께서는 특별한 기간을 두고 경건의 훈련을 시키시는 때도 있다. 모세의 광야 40년이나 요셉의 종살이 13년, 그리고 야곱의 외삼촌 집에서의 20년 등을 들 수 있다. 하나님께서는 자기 백성인 우리에게 경건을 명령하고 계신다.

오직 너 하나님의 사람아 이것들을 피하고 의와 경건과 믿음과 사랑과 인내와 온유를 따르며 (딤전 6:11)

우리를 양육하시되 경건하지 않은 것과 이 세상 정욕을 다 버리고 신중함과 의로움과 경건함으로 이 세상에 살고 (딛 2:12)

경건에는 큰 유익이 있기에 지속적으로 경건의 시간을 가져야 한다. 경건의 유익한 점을 살펴보자.

범사에 유익한 경건

육체의 훈련도 유익이 있다. 하지만 약간의 유익이 있을 뿐이다. 그런데 영적인 훈련은 모든 방면에서 유익이 된다.

> 육체의 연단은 약간의 유익이 있으나 경건은 범사에 유익하니 금
> 생과 내생에 약속이 있느니라 (딤전 4:8)

영적인 훈련인 경건의 시간을 통해서 누리는 유익은 측량할 수 없을 만큼 방대하다. 이는 이 세상뿐 아니라 다가올 내세까지 포함하고 있기 때문이다. 그러므로 믿음의 사람들은 영적인 경건을 위해 온 힘을 기울였던 것이다.

영적인 분별력을 가지는 경건

문제를 안고 살면서도 자신이 생각하는 것을 옳은 줄로 여기며 살아가는 것은 삶을 위험에 빠뜨리는 심각한 함정이다. 이것은 자기 시각으로 보기 때문이다. 중요한 것은 하나님의 눈으로 보는 안목이다. 이것을 영적인 분별력이라고 한다. 경건의 삶은 매 순간 영적인 분별력을 가지고 살도록 해 준다. 경건의 시간이야말로 성도를 지혜롭게 해 주는 키워드라고 할 수 있다.

시험을 이길 수 있는 경건

경건한 사람은 자신에게 다가오는 시험을 이긴다. 요셉이 보디발의 아내의 유혹을 결단력 있게 물리친 것처럼 경건은 시험을 이기게 한다 (창 39:7-9). 하나님은 시험을 이긴 사람을 믿음의 사람으로 인정하고 사용하신다. 시험 뒤에는 승리가 있다. 하나님은 우리에게 주고자 하시는 행복을 변장시켜서 시험하기도 하시지만, 경건의 시간을 통해서 분별하여 시험을 넉넉히 이길 수 있다.

> 사랑하는 자들아 너희를 연단하려고 오는 불 시험을 이상한 일 당하는 것 같이 이상히 여기지 말고 오히려 너희가 그리스도의 고난에 참여하는 것으로 즐거워하라 이는 그의 영광을 나타내실 때에 너희로 즐거워하고 기뻐하게 하려 함이라 (벧전 4:12-13)

> 모든 은혜의 하나님 곧 그리스도 안에서 너희를 부르사 자기의 영원한 영광에 들어가게 하신 이가 잠깐 고난을 당한 너희를 친히 온전하게 하시며 굳건하게 하시며 강하게 하시며 터를 견고하게 하시리라 (벧전 5:10)

입체적인 은혜를 경험하는 경건

매일 경건의 시간을 가지면 하나님의 말씀을 지식이 아닌 삶의 능력으로 경험하게 된다. 지식적으로 많이 알고 있지만, 삶은 세상 사람과 다를 바가 없이 무기력하게 사는 사람들이 많다. 경건의 시간은 살아계신 하나님의 말씀을 삶 속에서 생생하게 경험하므로, 하나님을 더욱 신뢰하게 되어 이 세상에서 담대하게 살아갈 수 있게 해준다. 영적 전투에서 승리하게 되고, 말씀과 위로를 통해서 내적인 치유가 일어나며, 하나님의 관점에서 나 자신을 지속적으로 살필 수 있게 된다.

구원의 감격을 매일 회복시켜 주는 경건

사도 바울은 경건을 강조했다. 그리고 매순간 구원의 감격을 가지고 살았다. 바울의 삶을 이끈 경건의 시간은 하나님의 은혜 가운데 거하도록 했으며, 구원의 감격을 매일 맛보며 살게 했다. 바울은 마지막까지 자신에게 맡겨진 직무를 충실히 감당했고, 주님께서 주실 면류관을 자신 있게 자랑했다. 이 모든 것은 경건의 시간을 통해서 구원의 감격을 가지고 살았기 때문에 가능했던 것이다.

> 망령되고 허탄한 신화를 버리고 경건에 이르도록 네 자신을 연단하라 (딤전 4:7)

> 그리스도 예수 안에서 너희에게 주신 하나님의 은혜로 말미암아 내가 너희를 위하여 항상 하나님께 감사하노니 (고전 1:4)

> 나는 선한 싸움을 싸우고 나의 달려갈 길을 마치고 믿음을 지켰으니 이제 후로는 나를 위하여 의의 면류관이 예비되었으므로 주 곧 의로우신 재판장이 그 날에 내게 주실 것이며 내게만 아니라 주의 나타나심을 사모하는 모든 자에게도니라 (딤후 4:7-8)

천국에서 반드시 보상을 받는 경건

이 세상에서 경건을 위해 노력한 사람은 반드시 죽음 이후에 보상을 받게 된다. 하나님은 경건을 위해 노력한 사람의 수고를 높이 인정하시기 때문이다.

> 또 내가 들으니 하늘에서 음성이 나서 이르되 기록하라 지금 이후로 주 안에서 죽는 자들은 복이 있도다 하시매 성령이 이르시되 그러하다 그들이 수고를 그치고 쉬리니 이는 그들의 행한 일이 따름이라 하시더라 (계 14:13)

행한 일에 대한 결과가 있다고 말씀하신다. 하나님께서 인정하시는 행한 일은 하나님과의 교제, 즉 경건의 시간을 통해서 이루어진 일들을 말한다. 세상의 업적은 시간이 지나면 잊혀진다. 그러나 경건의 훈련을 통한 업적은 결코 지워지지 않고 영원히 영광된 상급으로 보상받게 될 것이다.

큐티를 통해 누리는 은혜

하나님께서는 죄 때문에 죽을 수밖에 없었던 저에게 복음을 듣게 하시고 좋은 교회로 인도하여 주셨습니다. 처음 교회로 인도되어 새 가족반을 수료했을 때 순모임, 전도훈련, 제자훈련 등 신앙성장을 위해 체계적이고 좋은 프로그램들이 많았습니다.

그 중에서도 저의 삶과 인격 자체에 큰 영향을 준 것은 매일같이 하나님의 말씀을 묵상하고 기도하는 큐티 시간이었습니다. 매일 큐티를 통해 말씀을 대하다 보니 저의 죄성이 그대로 드러나 회개하게 되고 연약하지만 거룩한 삶을 살기 위해 노력하게 되었습니다.

처음에는 말씀을 묵상하고 적용하는 것이 쉽지 않았고 하루의 숙제를 하는 것처럼 형식적인 묵상과 뜬구름 잡는 결단을 하기도 했습니다. 그러나 새벽예배와 제자훈련을 통해 더 말씀을 깊이 묵상하게 되었고 적용하는 것도 조금씩 구체화 되었습니다. 그러다 보니 말씀이 삶에 들어와 하나님의 자녀답게 살도록 나를 제어하는 능력과, 세상 가치관과 유혹으로부터 흔들리지 않는 믿음을 얻게 되었습니다.

예수 믿기 전 저는 돈을 벌기 위해 주식투자와 부동산 투자를 하며 부자가 되는 것을 꿈꾸기도 했습니다. 그러나 말씀 묵상을 통해 하나님께서 투기를 싫어하신다는 것을 알고 비트코인이 한창인 시절 여러 지인들로부터 투자를 권유 받았지만 전혀 관심을 갖지 않게 되었고 땀 흘리며 버는 돈의 소중함에 감사하며 살게 되었습니다. 그 결과 돈에 의해 마음이 좌지우지 되지도 않았고 마음에 평안함을 누리며 감사한 삶을 살 수 있었습니다.

또한 요한일서 4장을 묵상하며 하나님께서 형제 사랑을 얼마나 중요하게 여기시는지 깨닫게 되었습니다. 이 말씀을 통하여 친정식구들이 의가 상해 등을 돌리고 살 뻔했던 위기를 넘기게 된 적이 있습니다. 어머니를 모시고 사는 남동생 가족과 가까이에 사는 여동생 가족이 또래의 조카들을 같이 양육하며 가까이 지내는 차에 갈등이 계속 생기게 되었고 친정 어머니집 이사와 금전적인 문제로 둘 사이에 다툼이 크게 일어났습니다. 매우 속상해 하시는 어머니를 보며 장녀로서 중립을 지키며 갈등을 해결하려고 노력했지만 결국 여동생과 남동생 사이가 안 좋아져 우리형제들은 아들과 딸들로 편이 나뉘게 되었습니다. 먼 거리에 사는 나에게는 별 문제 없이 우호적인 남동생이었지만 어머니의 혜택을 많이 받고도 감사하지 않고 불평하는 남동생과 올케에 대해 들으니 그들의 태도를 이해할 수 없었고 야속하고 미웠습니다.

그런데 누구든지 하나님을 사랑하노라 하고 그 형제를 미워하면 이는 거짓말하는 바 하나님을 사랑할 수 없느니라 라는 말씀을 묵상하며 마음에 찔림을 받고 마음이 매우 힘들었습니다. 결국 말씀에 순종하기를 결단하고 나의 미워하는 마음을 회개하고 가정의 연합을 위해 그들을 이해하고 섬기기를 결단하고 기도했습니다. 코로나로 남동생 자녀인 조카들이 매우 아프게 되었고, 저는조카들 뿐 아니라 친정어머니와 남동생, 올케의 건강을 위해서도 기도하며 물질로도 계속 섬겼습니다. 그 일들을 계기로 다시 친정식구들은 조금씩 관계가 회복되어 갔고 시간이 지나면서 여동생 가족과도 다시 잘 지내게 되었습니다. 시간이 지난 지금 내가 뇌종양 시술인 감마나이프를 받게 되었는데 시술 후 친정에서 친정 어머니와 남동생, 올케와 조카들의 극진한 간호를 받으며 한 달간 잘 회복할 수 있었습니다. 교회에 다니지 않던 올케는 나의 건강을 위해 기도해주려고 여동생과 함께 교회에 나가기 시작했고, 올케는 나를 위해 울며 기도해 주었습니다. 병중에도 너무나 감사한 시간이었습니다. 큐티를 통해 주시는 말씀에 순종을 결단하고, 말씀을 지키려고 노력한 결과 하나님께서는 더 큰 사랑을 받게 하셨습니다.

하나님의 말씀을 묵상하면서 나 자신을 내려놓는 연습을 하게 되고 하나님의 말씀을 지키려 할 때 하나님께서 나를 가장 선한 길로 인도하심을 경험하게 됩니다. 큐티를 통해 다른 분들도 나와 같이 하나님이 주시는 사랑과 축복을 경험하시기를 간절히 소원해 봅니다.

LIFE
of
QT

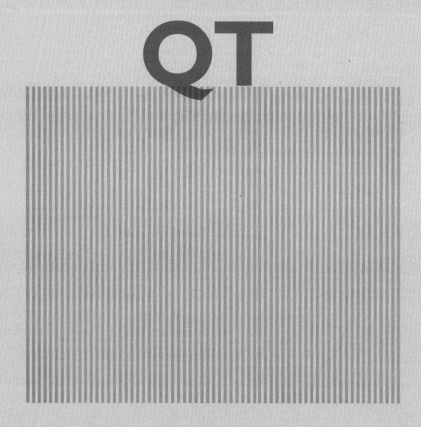

큐티하는 삶이 아름답다

IO

경건의 시간을 위한 실제적인 준비

큐티를 '묵상의 시간'으로도 부르는데, 이는 조용한 시간을 이용하여 하나님과 교제하는 것을 의미한다고 할 수 있다. 하나님의 말씀을 통해 하나님의 음성을 듣고, 기도를 통해 하나님께 아뢰는 경건의 시간을 생활화하기 위해서는 몇 가지 준비를 해야 한다.

시간

❶ 일정한 시간을 선택하라

큐티는 하루 중 가장 귀한 시간에 속한다. 대부분의 사람들은 식사 시간을 의미 없는 시간으로 받아들이지 않을 것이다. 식사를 적당한 시간에 아무렇게나 하지 않듯이, 큐티 역시 일정한 시간을 정해서 해야 한다. 큐티는 다른 사람과의 약속이 아니라, 자신과의 약속이며 하나님과의 약속이기 때문이다.

❷ 가장 효과적인 시간을 선택하라

하나님과 교제하는 시간이므로 그 어떤 것에도 방해를 받아서는 안 된다. 특히 맑은 정신을 가질 수 있고 조용한 시간이면 좋을 것이다. 하루 중 어떤 시간이 효과적인 시간인지 잘 알아서 정해야 한다.

예수님은 새벽을 이용하여 하나님과 교제하는 시간을 가지셨다(막 1:35). 새벽은 조용할 뿐만 아니라 하루의 일과를 시작하기 전이기에 첫 시간을 드린다는 의미를 가지고 있다. 하루의 일과를 시작하기 전에 하나님의 지시를 받을 수 있다면 그처럼 귀한 시간은 없을 것이다.

시편 기자가 "내가 날이 밝기 전에 부르짖으며 주의 말씀을 바랐사오며 주의 말씀을 조용히 읊조리려고 내가 새벽녘에 눈을 떴나이다"(시 119:147-148)라고 말씀하는 것처럼, 새벽에 주님의 도움을 구하고 묵상하는 것은 그 시간들이 조용한 시간이어서 하나님과 교제하는 시간으로 가장 좋았기 때문일 것이다.

❸ 시간을 지켜라

큐티는 단지 그 시간으로 끝나는 것이 아니라 삶의 전 영역에서 영향을 끼치는 결과를 가져오기에 귀한 시간이다. 큐티를 규칙적으로 하지 않으면 그 리듬이 깨어질 수밖에 없다. 그러므로 매일 정한 시간에 30분 정도의 큐티하는 시간을 갖는 것이 이상적이라고 할 수 있다.

장소

큐티하기에 좋은 조건을 가진 장소를 선택하라. 하나님과 만남의 시간이기 때문에 장소 선택에 마음을 쓰는 것은 당연한 이치이다. 현재 처한 위치에서 하나님과 교제하기 가장 좋은 장소를 선택하는 것이 가장 이상적인 선택이라 할 수 있을 것이다.

하나님과의 만남이 어떤 이유에서든 방해를 받을 수 있는 곳은 피해야 한다. 조용한 장소의 선택이 곧 조용한 시간을 가져다준다. 주위에 조용한 장소가 어디인지 살펴보라.

성경

하나님의 말씀인 성경의 본문을 선택하여 큐티를 해야 한다. 본문의 선택은 지도자의 도움을 받거나 안내서를 참고하는 것이 좋을 것이다.

본문 선택에는 몇 가지 방법이 있다. 예를 들면

① 소절 선택 : 마태복음 5장 13-16절 또는 마태복음 7장 7-11절과 같이 내용을 떼어 놓을 수 없는 것
② 구절 선택 : 잠언 17장 1절과 같이 앞뒤의 내용과 큰 연관이 없는 것
③ 장 선택 　: 시편 23편과 같이 한 장의 내용이 한 사건을 다루고 있는 것
④ 주제 선택 : 하나의 주제를 다룬 내용

본문을 선택하고 성령의 인도하심을 구하며 큐티에 들어간다(구체적인 내용은 큐티의 실제에서 더 깊이 다룰 것이다).

마음의 준비

❶ 기대감을 가지라

맛있는 음식을 먹기 전에는 언제나 기대감을 가진다. 영의 양식인 하나님의 말씀을 대할 때에는 더더욱 기대감으로 가득 차야 한다. 하나님의 말씀은 능력이다. 말씀이 나의 삶을 바꾸어 줄 것이라는 기대감으로 말씀을 대해야 한다. 그리고 마음을 비우는 것이 중요하다. 말씀 외에 그 어떤 생각도 위험하다. 특히 자신의 지식으로 말씀의 뜻을 이해하려고 하지 말고, 성령의 인도하심을 구해야 한다. 성경이 성령의 감동으로 기록된 하나님의 말씀이기 때문이다(딤후 3:16).

하나님은 사모하는 마음을 가진 사람에게 은혜를 주신다. 시편 42편은 하나님을 향한 간절함을 말씀하고 있다. 간절한 사람에게 주시는 하나님의 은혜가 그만큼 크기 때문일 것이다.

> 하나님이여 사슴이 시냇물을 찾기에 갈급함 같이 내 영혼이 주를
> 찾기에 갈급하니이다 (시 42:1)

간절히 사모하는 마음을 가지고 말씀을 대하면 성령께서 말씀하시고 깨닫게 해 주신다.

❷ 내려놓아라

큐티를 통해 하나님과 만나기를 원한다면 먼저 세상을 향한 마음을 닫아야 한다. 몸은 예배 드리는 현장에 있지만, 마음은 직장이나 가정에 가 있으면 안 되는 것처럼, 세상을 향한 마음은 닫고 하나님을 향한

마음은 활짝 열어야 한다. 모든 것을 다 내려놓고 오직 하나님의 말씀을 통해서 하나님과 교제하기를 원해야 한다.

❸ 감사하는 마음으로 나아가라

큐티를 위해서는 나를 위해 제물이 되신 주님과 함께 나아가야 한다. 하나님은 스스로 나아갈 수 없는 나에게 은혜를 주셨다. 하나님의 은혜에 감사하는 자세가 필요하다. 십자가의 은혜 없이는 하나님의 말씀을 들을 수 없고, 하나님께 기도할 수 없음을 기억한다면 감사하지 않을 수 없다.

너는 마음을 다하고 뜻을 다하고 힘을 다하여
네 하나님 여호와를 사랑하라 오늘 내가 네게 명하는 이 말씀을
너는 마음에 새기고 (신 6:5-6)

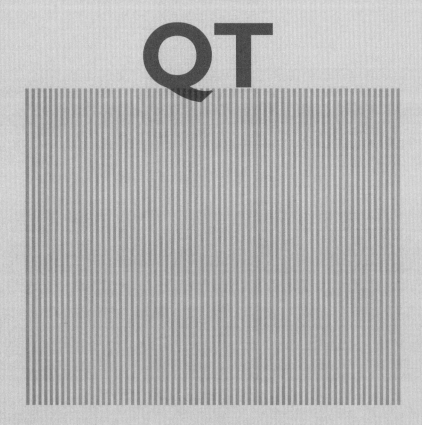

QT

큐티하는 삶이 아름답다

큐티의 실제적인 방법

큐티에는 여러 가지 방법이 있는데, 여기서는 일반적인 방법을 소개하고자 한다. 큐티의 실제적인 방법에 대해서 살펴보도록 하자.

찬양의 시간을 가지라

먼저, 찬양으로 마음의 문을 열고 큐티 시간을 가지는 것은 참으로 중요하다. 찬양은 마음을 열어주는 역할을 한다. 굳은 땅에 씨를 뿌리면 열매를 기대하기 어렵다. 그러기에 땅을 파고 씨를 뿌릴 수 있는 조건을 만들어 주는 시간이 바로 찬양의 시간인 것이다. 큐티 본문의 말씀이나 상황에 맞는 찬송으로 부르면 더욱 유익하다. 구약시대에 이스라엘 백성은 시편을 그대로 곡조에 맞추어 불렀고, 그 외에 많은 신앙의 승리자들이 언제나 찬송과 함께 생활하였다. 바울의 찬송은 감옥문을 여는 기적과 함께 간수를 예수님께로 인도하는 결정적인 역할을 하였고, 다윗의 찬송은 악신을 쫓아내는 무기가 되었다.

찬양이 자신에게 아무런 힘을 발휘하지 못하고 있다면 그것은 죽은 찬양을 하고 있기 때문일 것이다. 찬양의 시간에는 하나님께 마음을 다해서 찬양을 해야 한다. 찬양은 곡조 있는 메시지로 영혼의 찬양이야말로 주님을 만나도록 이끄는 감격의 시간이 된다. 만약 찬양할 상황이나 형편이 되지 않는다면 바로 기도를 드림으로 큐티를 시작하면 된다.

큐티를 위해 기도하라

큐티를 위한 기도의 시간을 잊지 말아야 한다. 큐티는 성령님의 인도하심을 받아야 하기 때문이다. 시편 119편 33-34절을 보면 "여호와여 주의 율례들의 도를 내게 가르치소서 내가 끝까지 지키리이다 나로 하여금 깨닫게 하여 주소서 내가 주의 법을 준행하며 전심으로 지키리이다"라고 기도하고 있다. 하나님의 말씀의 가르침을 받고 깨닫는 것은 너무나 중요하다. 가르침이나 깨달음이 없이 지킬 수는 없기 때문이다. 큐티를 위한 간절한 기도가 풍성한 경건생활에 도움이 됨을 기억해야 한다.

본문을 주의 깊게 관찰하라

성경 본문을 이해하는 것이 무엇보다 중요하다. 성경을 이해하지 못하면 어떤 적용도 할 수 없기 때문이다.

먼저 성경의 내용을 생각하며 두세 번 천천히 읽는다. 다섯 번까지 읽어도 좋다. 반복해서 읽으면 내용이 머리에 들어오고 내용 파악에 도움이 된다. 소리 내어 읽으면 더 집중해서 읽을 수 있다. 어려운 본문일 경우 쉽게 번역된 성경이나 참고 서적의 도움을 받을 수도 있다. 그러나 성령의 인도하심을 받고자 하는 자세가 먼저임을 알아야 한다.

주의 율례들로 나를 가르치소서 (시 119:68)

주의 말씀을 열면 빛이 비치어 우둔한 사람들을 깨닫게 하나이다
(시 119:130)

말씀을 묵상하라

말씀을 관찰한 후 먼저 자신이 말씀의 현장에 있음을 생각하고 말씀을 대해야 한다. 말씀을 묵상하면서 그 사건 속에 있는 나를 생각하면 시선을 하나님께로 돌릴 수 있다. 그럴 때 지금 현재 함께 하시는 하나님을 생각하며 묵상을 하게 된다. 항상 하나님께서 함께 하심을 잊지 않고 사는 사람일수록 하나님의 뜻을 잘 깨닫는다. 성경의 상황 속으로 나 자신이 직접 들어가서 지금 나의 삶 가운데서 일어나는 일과 연관을 시킨다. 성경 속의 주인공이 나 자신이 되는 것이다. 이런 자세가 없으면 제 삼자가 되어 성경을 남의 이야기로 생각하고 비판하거나 정죄하는 것으로 끝날 것이다. 묵상 가운데서 하나님을 바라보아야 한다. 그러면 하나님의 마음을 알게 되고, 나 자신의 문제점을 깨닫고 돌이키게 됨으로, 하나님께 인격적인 반응을 보이게 되는 것이다.

느낀 점을 기록하라

성경 본문을 충분히 파악한 후 느낀 점을 기록한다. 본문을 깊이 묵

상하면서 하나님께서 주시는 생각과 깨달음을 기록하는 것이다. 느낀 점은 말씀을 자신에게 적용하는 첫 번째 관문이기에 그 대상은 자신이어야 한다. 느낀 점을 기록할 때 몇 가지 요령을 알아두면 도움이 될 것이다.

❶ 본문에 나타난 하나님은 어떤 분이시며, 그 하나님께서 나에게 무엇을 원하고 계신가를 묵상한다.

먼저, 하나님의 주권, 하나님의 성품 등 하나님이 어떤 분이신지 깊이 묵상한다. 하나님은 나를 향해 도전하고 계신다. 그리고 주신 말씀을 깨닫기 원하신다. 어떤 내용이든 나에게 주시는 하나님의 말씀임을 명심해야 한다. 천지를 창조하시고 생명을 주관하시는 주권자 하나님의 요구임을 깊이 인식해야 한다.

❷ 현재 나의 모습을 본문에 비추어 기록하라.

말씀 앞에서 발견한 자신의 모습을 솔직히 기록하는 것이 좋다. 자신의 현재 모습을 합리화하거나 이유를 달아서는 안 된다. 다른 사람의 모습과 비교할 수는 있겠지만 그 비교가 말씀을 순수하게 받아들이는데 방해가 된다면 차라리 비교하지 않는 것이 나을 것이다. 간혹 세상의 풍조나 환경을 핑계 삼아 어물쩍 넘어가려는 사람들이 있다. 이런 태도를 버리지 않는다면 성령의 음성을 들을 수 없을 것이다. 나의 현재의 모습 속에 나타난 죄와 앞으로 돌이켜야 할 행동 등을 기록함으로서 성령의 깨닫게 하심에 순종하는 것이 중요하다.

말씀을 자신에게 적용하며 결단하라

대체로 사람은 느끼고 판단할 수 있는 감각을 하나님으로부터 선물로 받았다. 그런데 문제는 다른 사람의 문제에는 민감한 반응을 보이지만, 자신에게는 단지 느낌으로 끝나 버리는 경우가 많다는 것이다. 이는 참으로 큰 문제가 아닐 수 없다.

하나님께서는 느낌만을 원하시지 않는다. 알고 행함이 없는 믿음은 죽은 믿음이라고 말씀하신 것을 통해 그 심각성을 알 수 있다. 알고 있는 사람은 많은데 행하는 사람은 적은 것이 오늘의 현실이다. 그것은 말씀을 삶 속에 적용하지 않기 때문이다. 구체적으로 적용하고 곧바로 실행에 옮기는 결단까지 연결될 때, 비로소 그 사람의 삶 속에 하나님의 능력이 나타나게 되는 것이다. 하나님의 능력은 말씀에 순종하므로 역사하는 것이다.

구체적인 적용에 대해서 몇 가지 생각해 보도록 하자.

❶ 하나님 앞에 나 자신이 서 있다는 사실을 인식하라.

이런 자세를 가진다면 하나님의 말씀을 한 마디도 그냥 넘기지 않으려는 진지함으로 두렵고 떨리는 태도로 다가갈 것이다. 지금 내가 대하고 있는 하나님의 말씀은 하나님께서 나에게 직접 주시는 말씀임을 기억해야 한다. 다른 사람이 아닌 바로 나에게 주시는 말씀이다.

그 옛날 바리새인들의 문제점이 바로 남에게 말씀을 적용시키는 것이었다. 자신들은 완벽해서 말씀을 적용할 것이 없다고 생각하는 자칭 의인들이었다. 예수님께서 이들을 향해 진노하신 이유가 바로 여기에 있다. 지금 이 시대도 다른 사람들을 향해서는 판단하고 비판하면서, 자신만은 옳다고 착각하며 살아가는 시대이기에 올바른 큐티가 더

욱더 중요한 것이다.

오래전 성경공부를 하던 부부가 서로 상대방에게 말씀을 적용하다가 싸웠다는 고백을 들은 적이 있다. 에베소서 5장의 남편과 아내의 의무를 보고 서로 상대방에게 적용하다가 싸웠다는 것이다. 하나님의 말씀은 남에게 적용하는 것이 아니다. 자신에게 적용해야 한다.

❷ 하나님의 말씀을 바로 적용해야 한다.

하나님의 말씀을 듣고 현재의 상황이나 조건이 호전될 때까지 적용을 미루는 사람들이 있다. 하나님의 명령은 즉시 시행되어야 한다. 신앙의 선배들은 이유 불문하고 말씀에 순종한 것을 볼 수 있다. 예를 들어 아브라함에게 고향을 떠나라고 명령하셨을 때나, 아들 이삭을 제물로 바치라고 말씀하셨을 때 바로 시행하였다. 하나님의 말씀은 시간 속에서 역사한다. 하나님의 말씀을 듣고 깨닫는 시간이 바로 말씀을 적용할 시간인 것이다.

어떤 성도는 성경 말씀을 적용하는 데서 늘 "다 알아요. 그런데 마음에는 원이로되 육신이 약한 것을 어떻게 합니까?"라고 말한다. 야고보서 1장 23-24절에 "누구든지 말씀을 듣고 행하지 아니하면 그는 거울로 자기의 생긴 얼굴을 보는 사람과 같아서 제 자신을 보고 가서 그 모습이 어떠했는지를 곧 잊어버리거니와"라고 말씀하고 있다. 이처럼 아는 것은 아무 의미가 없다. 더러운 얼굴을 씻지 않으면 거울을 본 것이 무슨 소용이 있겠는가?

❸ 본문의 내용을 충분히 이해하고 적용하라.

본문의 뜻을 완전히 이해하지 못해서 바르게 적용하지 못하는 경우가 있다. 주님의 뜻과 배치된 적용을 하기 때문에 그 결과에 대해서도 혼란을 일으킬 수 있다. 예를 들어 소자 하나를 실족시키면 목에 연자 맷돌을 달고 물에 빠져 죽는 것이 낫다는 말씀을 보고, 많은 사람들을 실족시킨 사람이 고민을 하다가 그대로 실천했다면, 이것은 참으로 잘 못된 적용이라고 봐야 할 것이다. 이 말씀은 더 이상 다른 사람을 실족 시키는 일을 하지 않는 것이 올바른 적용인 것이다. 이처럼 본문의 뜻 을 충분히 이해하는 것은 참으로 중요한 것이다.

❹ 주관적인 생각을 배제시키라.

성경을 자신의 선입견이나 세상적인 사고방식을 가지고 대하는 것 은 대단히 위험한 일이다. 자신의 전공이나 지식을 기초로 해서 성경 을 이해하거나 대입하려는 경우가 간혹 있다. 하나님의 말씀은 세상의 모든 지식 위에 있다. 세상 지식으로 접근해서는 안 된다.

사도 바울은 갈라디아서 4장 3절에서 "이와 같이 우리도 어렸을 때 에 이 세상의 초등학문 아래에 있어서 종 노릇 하였더니"라고 말씀하 였고, 골로새서 2장 8절에서는 "누가 철학과 헛된 속임수로 너희를 사 로잡을까 주의하라 이것은 사람의 전통과 세상의 초등학문을 따름이 요 그리스도를 따름이 아니니라"고 말씀했다. 자칭 세상 최고의 석학 이라고 자부했던 바울의 고백이기에 더 큰 의미가 있다. 성경을 주관 적으로 해석한다면 하나님의 뜻과 다른 방향으로 나아갈 수 있음을 명심해야 한다.

❺ 구체적으로 적용하고 결단하라.

언제, 무엇을, 어떻게 실천할 것인지 구체적인 결단이 있어야 한다.

막연하게 '열심히 전도해야겠다' '최선을 대해 노력해 보겠다' '사랑하기 위해 힘쓰겠다' '남편을 잘 섬겨야 되겠다' 등의 결단으로는 삶의 변화를 가져오기 어렵다. 실천 여부를 점검할 수 있을 만큼 구체적인 결단을 해야 한다. 예를 들면 '이번 주중에 전도대상자인 옆집 새댁을 초대해서 시원한 팥빙수를 만들어 대접하고 나의 간증을 들려주어야겠다'. '오늘부터 남편이 퇴근할 때 웃는 얼굴로 맞이하고 수고했다고 칭찬과 격려를 표현해야겠다.' 이렇게 결단할 때 실천 여부를 분명히 점검할 수 있고 순종의 결과를 경험할 수 있는 것이다.

적용하고 결단한 것을 위해 기도하라

적용하고 결단한 내용을 가지고 하나님께 간절히 기도하고 경건의 시간을 마친다. 마음속으로 결단해도 행함으로 열매를 맺기까지는 하나님의 도우심이 필요하기 때문이다. 하나님은 기도 응답을 약속하셨다.

무엇이든지 구하는 바를 그에게서 받나니 이는 우리가 그의 계명을 지키고 그 앞에서 기뻐하시는 것을 행함이라 (요일 3:22)

결단한 내용을 가지고 먼저 자신의 삶을 돌아보고 회개하는 기도를 드리는 것이 빠른 응답의 지름길이 된다. 회개는 새로운 출발선 앞에서 출발 준비를 완료한 것과 같다고 할 수 있다.

내 이름으로 일컫는 내 백성이 그들의 악한 길에서 떠나 스스로

낮추고 기도하여 내 얼굴을 찾으면 내가 하늘에서 듣고 그들의 죄
를 사하고 그들의 땅을 고칠지라 (대하 7:14)

기도할 때 또 다른 자세는 전심으로 기도해야 한다. 바리새인들의
기도는 규칙적이며 횟수가 많았지만 응답받지 못했다. 그 이유는 그들
의 기도가 형식적이며 외식적이었기 때문이다. 우리가 전심으로 기도
할 때 하나님은 응답해 주신다.

너희가 온 마음으로 나를 구하면 나를 찾을 것이요 나를 만나리
라 (렘 29:13)

기도할 때 먼저 말씀을 통해 깨달음을 주신 은혜에 감사하고, 자신
의 불순종을 구체적으로 회개하는 기도를 드린다. 그리고 적용하고 결
단한 것을 실천할 수 있도록 성령님의 도우심을 구하는 기도를 드리므
로 경건의 시간을 마친다.

나눔의 시간을 가지라
큐티한 것을 다른 사람과 함께 나눌 때 자신 뿐 아니라 다른 사람에
게도 유익을 준다. 다른 사람과 나누면 혼자 적용할 때에 깨닫지 못한
새로운 적용을 접하게 되고, 새로운 깨달음을 통해 적용하는 범위의
폭을 넓힐 수 있다.

큐티 나눔의 좋은 점을 살펴보자.

첫째, 단절된 마음의 벽을 허물 수 있다. 사람들은 자신이 다른 사람들에게 노출되는 것을 꺼리기 때문에 이중적이며 위선적으로 행동하는 경우가 많다. 그러나 큐티 나눔을 통해 닫혔던 마음을 열게 되면, 하나님과 사람들 앞에 진실해지고 기도의 문이 열릴 뿐 아니라, 자신감 있는 신앙생활을 할 수 있다. 마음이 닫힌 사람은 이웃으로부터 도움을 받을 수 없을 뿐 아니라, 언제나 자신의 문제를 안고 괴로워하게 된다.

둘째, 자신만이 가진 문제라는 생각에서 놓임을 받게 된다. 자신의 문제로 늘 위축되고 자신감이 없고 괴로웠는데, 큐티를 통해서 자신만의 문제가 아니라 다른 사람들도 문제를 가지고 있다는 사실을 알고, 열등감에서 벗어나 새롭게 용기를 가지고 새롭게 도전할 수 있는 힘을 얻게 된다.

셋째, 자신이 완벽하다는 생각에서 벗어날 수 있다. 사람의 마음에는 은근히 자신을 최고로 인정하고 싶은 마음이 있다. 그래서 다른 사람의 잘못을 찾아내서 쉽게 비판한다. 그런데 큐티 나눔을 통해서 다른 사람들에게서 자신보다 나은 모습을 발견할 뿐 아니라 자신이 부족한 것이 많은 사람임을 깨닫게 된다. 그리하여 점점 겸손하게 되고 자신이 최고라는 착각에서 벗어나게 된다.

넷째, 기도의 폭이 넓어진다. 큐티 나눔을 통해서 자신의 기도 뿐 아니라 다른 사람을 위해서 기도하게 된다. 나눔을 통해 다른 사람의 문제를 알고 공감하므로 자기중심적인 사고에서 이웃을 돌아보는 자세로 나아가게 되고 이웃을 향한 중보기도로 이어지게 되는 것이다.

다섯째, 자신의 부족을 솔직하게 인정하게 된다. 사람들은 자신의 부족을 인정하지 않으려는 심리를 가지고 있다. 그런데 큐티를 통해서 자신의 모습을 거울로 보듯이 들여다 본 뒤에 나눔을 하게 되면 자신에 대해서 솔직해질 뿐만 아니라, 주님을 더욱 의지하게 된다.

여섯째, 공동체 의식을 가지게 된다. 사람들이 가진 개인주의 성향 때문에 다른 지체와 교회 공동체가 얼마나 많은 아픔을 겪게 되는지 모른다. 그런데 큐티 나눔을 하게 되면 서로의 마음을 이해하고 사랑하게 되는 공동체 의식이 생기고, 하나가 되라는 주님의 뜻에 순종하게 된다.

큐티를 하면서 받은 은혜

　제가 큐티를 처음 시작했을 때는 '조용한 시간과 장소에서 하나님의 말씀을 묵상하는 시간' 이라는 단어의 뜻만 알 정도였고 이 큐티를 하루만 안 하면 다음날 밀리는 것이 싫어서 숙제하듯 할 때도 많았습니다. 그러나 큐티하는 시간이 계속되고 시간이 흐르면서 어느새 큐티는 하나님의 말씀을 묵상하는 것뿐만 아니라 그 말씀이 나의 삶 속에서 실제적인 능력으로 나타나 하루하루 하나님의 다스리심을 받는 삶으로 변화되기 시작했습니다.

　그리고 매일 이어지는 큐티 시간은 그날그날 주시는 말씀을 가지고 주님과 나와의 친밀하고 즐거운 교제의 시간이 되어 하나님의 뜻을 더 구체적으로 깨달아 알게 해 주셨습니다. 이런 기쁨과 즐거움은 그 어느 것으로도 대신할 수 없는 풍성한 삶을 누리는 원천이 되었습니다.

　큐티를 통해 매일 주님과 동행하는 삶을 살게 되니 해결 받지 못하는 문제가 없습니다. 또 어떤 결정을 할 때도 하나님이 기뻐하시는 뜻을 따라 올바른 결정을 할 수 있도록 분별력을 주십니다.

　저는 문제가 생길 때마다 말씀을 통해 답을 찾기 위해 하나님이 어떤 분이신지 더 깊이 묵상하고 새벽에도 그 말씀을 붙잡고 기도합니다. 그리고 하루종일 일하면서, 식사하면서, 쉬면서도 주님과 교제하며 여쭙고 또 여쭙다 보면 어느새 그 문제는 더 이상 문제가 되지 않고 마음이 평안해지면서 하나님이 원하시는 방향으로 자연스럽게 해결되는 것을 경험하곤 합니다.

　그 문제가 하루 만에 당장 해결될 때도 있지만 시간이 오래 걸릴 때도 있습니다. 그러나 분명한 것은 문제가 더 이상 문제가 아니고 반드시 하나님의 방법으로 하나님의 때에 해결해 주신다는 것을 확신하며 살게 된다는 것입니다.

지난 6월 에스더 9장 20~32절 말씀을 큐티하면서, 유대인들 민족 전체가 죽음에서 생명의 날로 바뀐 부림절을 즐기고 예물을 나누고 가난한 자를 구제했다는 말씀과, 에스더의 명령으로 이 부림에 대한 일을 책에 기록했다는 말씀을 묵상했습니다. 이 말씀을 통해 저는 우리 가정에 베풀어주신 구원의 은혜를 우리 후손 대대로 기억하여 전해져 내려가게 할 수 있도록 가족 카톡방이나 주말에 만날 때에나 구원의 은혜에 대한 감사를 표현할 것을 결단했습니다. 그리고 우리 자손이 영원히 하나님의 구원의 은혜를 잊지 않는 가문이 되게 해 주시고 우리의 자손들이 우리 교회에서 훈련받고 평신도 동역자로 쓰임 받는 가문이 되게 해주시기를 기도했습니다. 그 당시 결혼한 딸 부부가 교회를 정하는 문제로 6개월째 결정을 내리지 못하고 어려움을 겪고 있을 때였습니다. 그 후 2개월이 지나 지난 주일 딸 부부가 함께 우리 교회에서 예배드리고 새가족반에 들어왔습니다.

지난 7월 큐티 말씀 중 요한일서 4장 11~18절 말씀은 제가 반측성 안면경련증으로 뇌수술을 하고 20일 정도 지났을 때 묵상한 말씀입니다.

위암 수술한지 1년쯤 되어 이번에는 뇌수술을 하게 되었는데 수술 후 후유증이 심해서 어려운 시기를 보내고 있었습니다. 머리는 뇌압으로 인해 하루종일 무겁고 어지러워 외출도 운전도 할 수 없었고 귀에는 물이 찬 듯 소리도 잘 들리지 않았습니다. 이런 상태가 나아지지 않고 계속된다면 난 어떻게 되는 걸까? 하는 두려움이 몰려왔습니다.

이날 큐티에서 "요한은 하나님께서 성도 안에 거하시는 것을 무엇으로 증명한다고 말합니까"라는 내용관찰 질문에 4장 12절 말씀 "어느 때나 하나님을 본 사람이 없으되 만일 우리가 서로 사랑하면 하나님이 우리 안에 거하시고 그의 사랑이 우리 안에 온전히 이루어지느니라" 이 말씀을 묵상하면서 우리교회 전 성도들이 병중에 있는 성도들을 위해 합심기도하고 있다는 것이 생각났습니다. 목사님과 우리교회 성도들이 예배시간마다 새벽마다 나를 위해 기도해주시는데 나도 새벽마다 집에서 기도해야겠다는 결단을 했습니다. 그리고 항암치료 중인 지체, 뇌종양 치료중인 지체, 갑상선암 수술을 앞두고 있는 지체들을 위해 기도했습니다. 하나님은 수술한지 한 달이 되어갈 때쯤 어지럼증이 사라지고 예배도 마음껏 드릴 수 있도록 회복시켜 주셨습니다.

큐티 시간은 나는 죽고 오직 예수님만 내 안에 거하시게 되는 은혜의 시간이며 주님 나라 갈 때까지 예수님과 행복한 동행을 계속하는 축복의 시간임을 고백합니다.

우둔하고 연약한 저를 늘 말씀으로 깨우쳐 주시고 인도해 주시고 응답해 주시는 하나님께 모든 감사와 영광을 올려 드립니다.

LIFE
of
QT

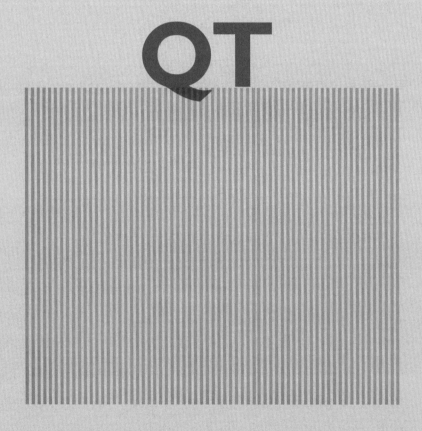

QT

큐티하는 삶이 아름답다

12

큐티를 실행에 옮기라

큐티를 통해 적용하고 결단한 것은 하나님 앞에서 한 것이다. 그러므로 적용하고 결단한 것을 두렵고 떨리는 마음으로 하나님 앞에서 지켜 행해야 한다. 말씀을 통해 결단한 것을 삶 속에서 실천으로 옮길 때, 가장 이상적인 큐티 생활을 한다고 할 수 있다. 아무리 심오한 진리를 깨달았다고 해도 실제 생활에서 아무 힘을 발휘하지 못한다면 이 것은 열매 없는 헛수고에 불과할 뿐이다. 행하지 않으면 아무 유익이 없는 것이다.

맛있는 음식을 많이 먹고 운동을 하지 않으면 비만으로 괴로워할 수밖에 없듯이, 영의 양식인 말씀을 먹고 행하지 않으면 머리만 큰 영 적 비만증 환자가 되고 마는 것이다. 믿음은 지적인 요소와 정적인 요소, 의지적인 요소를 다 포함한다. 그러므로 말씀을 매일 묵상하여 하나님의 뜻을 알고(지적인 요소), 마음으로 깨닫고(정적인 요소), 행하므로(의지적인 요소), 우리의 믿음이 온전하게 되고 장성한 분량으로 성장하게 되는 것이다.

큐티를 통해 매일 말씀을 묵상하고, 적용으로 실천하게 되면 건강하고 성숙한 그리스도인이 될 수 있다. 결단한 것을 지켜 행할 때 하나님께서 순종하는 사람에게 은혜를 경험하게 하실 뿐 아니라 큐티의 맛을 제대로 알게 될 것이다.

살아 있는 간증자

여호수아는 모세의 뒤를 이어 이스라엘의 지도자로서 맡겨진 사명을 잘 감당했다. 어떻게 200만 명 이상의 백성을 잘 이끌 수 있었을까? 그 비밀은 바로 하나님의 말씀을 주야로 묵상하는 것이었고, 묵상한 말씀을 지키는 것이었다. 모세가 죽은 후 하나님께서 여호수아에게 말씀하셨다.

> 이 율법책을 네 입에서 떠나지 말게 하며 주야로 그것을 묵상하
> 여 그 안에 기록된 대로 다 지켜 행하라 그리하면 네 길이 평탄하
> 게 될 것이며 네가 형통하리라 (수 1:8)

여호수아는 주야로 말씀을 묵상했다. 주야로 묵상하라는 것은 말씀과 함께 살라는 것이다. 그러므로 주야로 말씀을 묵상한 여호수아에게서 크고 작은 실수를 찾기 어려운 것은 너무나 당연한 결과라고 할 수 있을 것이다. 말씀을 주야로 묵상하며 지키는 사람이야말로 이 세상 어디서든지 탁월한 지도자가 될 수 있다. 하나님의 말씀을 지켜 행할 때 살아계신 하나님을 경험하게 되고, 자신이 경험한 하나님을 자랑하고 높이는 살아 있는 간증자가 되는 것이다.

> 나의 계명을 지키는 자라야 나를 사랑하는 자니 나를 사랑하는

자는 내 아버지께 사랑을 받을 것이요 나도 그를 사랑하여 그에
게 나를 나타내리라 (요 14:21)

매일 큐티를 통해서 주님과 동행하므로 열매 맺는 삶을 사는 사람
은 주님 앞에 섰을 때 주님으로부터 "너는 나의 제자였다"라는 칭찬을
받게 될 것이다. 그리고 생각하지 못한 열매를 보고 놀라며 기뻐하게
될 것이다.

너희가 열매를 많이 맺으면 내 아버지께서 영광을 받으실 것이요
너희는 내 제자가 되리라 (요 15:8)

주님은 사도들을 통해서 말씀하셨다.

내 형제들아 만일 사람이 믿음이 있노라 하고 행함이 없으면 무
슨 유익이 있으리요 (약 2:14)

이와 같이 행함이 없는 믿음은 그 자체가 죽은 것이라 (약 2:17)

그러므로 사람이 선을 행할 줄 알고도 행하지 아니하면 죄니라
(약 4:17)

큐티를 통해 받은 은혜

저는 어릴 적 가정 예배 때 아버지, 할머니와 함께 성경을 읽었기 때문에 성경 통독은 여러 번 해서 성경의 내용은 좀 알고 재미도 있었지만 눈으로만 읽고 말씀을 묵상해보지는 않았었습니다.

결혼 후 평택으로 이사오면서 우리 대광교회에 와서 순모임에 들어가게 되었습니다. 그런데 순에서 각자 큐티를 나누며 자신들의 잘못된 모습들을 솔직히 고백하는 것을 보고 매우 놀랐습니다. 대부분 잘못된 모습은 감추고 드러내지 않으려 하는데, 말씀 앞에서 자신을 있는 그대로 진솔하게 드러내고 회개하는 순장님과 순원들로부터 은혜를 많이 받았습니다. 그때부터 저도 큐티를 하기 시작하였고 이제는 큐티로 하루를 시작하는 것이 제일 귀한 일상이 되었습니다.

처음에는 말씀 가운데 와 닿는 부분이 있으면 그 말씀 가지고 삶에 적용해 나갔습니다. 살아계신 하나님 말씀은 꼭 지켜야 한다는 생각으로 말씀을 묵상하면서 내게 주시는 말씀을 들으려고 노력했습니다. 큐티가 생활화 되면서 하나님은 말씀을 통해 저의 모난 부분이 얼마나 많은지 속속히 드러내셨고, 하나님 앞에서 솔직한 마음으로 내 있는 모습 그대로를 드러내니 조금씩 하나님이 원하시는 모습으로 바뀌어지게 되었습니다.

저는 매일 술에 취해 늦게 들어오는 남편을 향해 늘 화가 나 있었고 미움으로 가득 찬 삶을 살았습니다. 그런데 어느 날 큐티를 통해 하나님께서는 화를 내고 싸우는 것을 좋아하시지 않는다는 것을 깨닫게 되었고, 그날 저는 큐티의 결단을 싸우지 않겠다고 하였습니다. 그러나 취한 남편을 보자 화가 치밀어 올랐습니다. 안 되겠다 도저히 못 참겠다 생각이 들어 막 화를 내려는 순간 어제 화를 내지 않기로 한 큐티 결단이 생각났습니다. 화를 내고 싸우면 사탄이 옆에서 신나게 춤을 출 것 같은 생각이 들었습니다. 싸워서 사탄 춤추는 꼴을 보는 것보다 하나님이 원하시는 대로 화내지 않고 참기로 마음을 먹었습니다. 그 순간 제 속에서 분노가 싹 사라지면서 사탄에게 이겼다는 생각에 큰 기쁨이 솟아났고 싸우지 않았어도 속이 그렇게 시원할 수가 없었습니다. 말씀대로 순종했을 때 이런 기쁨이 있는 거구나! 순종하는 맛을 조금 알게 되었습니다.

몇 년 전 큰 아이가 사귄다는 남자친구 얘기를 들었을 때 마음이 썩 내키지 않았습니다. 고등학교 대학교를 유학하여 오랫동안 외국에 나가 있어서 교회에서 눈에 띈 지 얼마 되지 않아 사윗감으로 한 번도 생각한 적이 없었고 키도 맘에 들지 않았습니다. 그런데 자녀들 중학생 때쯤 자녀 배우자를 위해 결단한 큐티가 생각났습니다. 제가 예수님 안 믿는 남편을 만나 교회 가는 것도 늘 눈치보며 다니고 남편이 날마다 술에 취해 있어 일상에 어려움이 많았기 때문에, 자녀들은 믿음의 배우자를 만나 저 같은 어려움당하지 않기를 바라며 자녀들 어릴 적부터 기도를 해왔었습니다.

어느 날 큐티 말씀에 '믿음의 사람은 믿는 자와 결혼을 해야 한다'는 말씀을 묵상하며 '자녀들을 꼭 믿음이 있는 사람과 결혼시키겠습니다' 라며 결단을 하니, 하나님께서 정말 믿음만 보고 다른 외적인 부분 맘에 안 들어도 믿음만 있으면 되겠냐고 물어보셨습니다. 한참을 생각했습니다. 정말 내가 자녀들 배우자를 고를 때 믿음만 볼 것인가? 믿음 없어서 지긋지긋하게 고생했으면서도 그때 가서는 마음이 바뀔까 해서인지 하나님께서 못을 박듯이 결단하게 하셨습니다.

그런데 그 결단이 이때를 위함이었구나 그렇다면 믿음 하나는 분명하겠구나 하는 확신이 들어 결혼을 허락했습니다. 우리 딸은 계획적이며 예민한데 사위는 성품이 온순해서 조화롭게 하나님께서 가장 알맞게 붙여 주셨습니다. 성경에서 믿음의 사람들을 대할 때마다 '나의 자녀들도 하나님나라를 위해 헌신하면 좋겠다'는 생각을 가지며 말씀 묵상하는 가운데 하나님께 온전히 쓰임 받는 자녀 되길 원합니다.

하나님께서는 큐티를 통해 저를 말씀으로 다듬어 주시고 가정을 소중히 여기는 마음 주셔서 남편을 섬겨 구원의 길로 돌아오게 하셨고, 자녀들이 하나님나라를 먼저 생각할 줄 아는 자들로 자라게 하셨습니다. 제게 있어 큐티는 승리요 열매요 희망입니다.

LIFE
of
QT

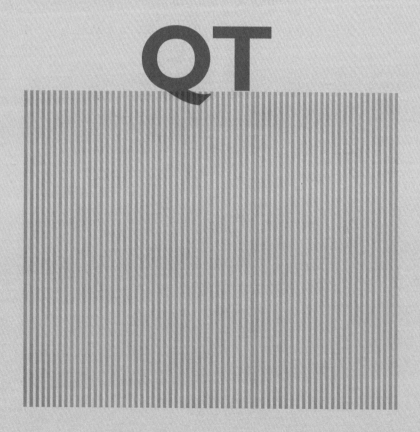

큐티하는 삶이 아름답다

13

큐티의 실제적인 모델

큐티 모델 1
성경 : 마태복음 7장 7-11절

● 내용 정리

예수님께서 제자들에게 이렇게 말씀하셨다. "구하라 그러면 주겠다. 찾으라 그러면 찾을 것이다. 문을 두드리라 그러면 열릴 것이니 구하는 사람은 얻고 찾는 사람은 찾고 두드리면 열린다. 아들이 원하는 떡을 주지 않고 돌을 주며, 생선 대신에 뱀을 줄 아버지가 있겠는가? 하물며 하늘 아버지이신 하나님께서 좋은 것으로 주시지 않겠는가?"

● 느낀 점

하나님은 좋은 것을 준비하고 계시고, 구하면 반드시 주시는 분이다. 문제는 나 자신이 구하지 않고, 찾지 않고, 두드리지 않기 때문이다. 본문 말씀에서 주님께서 구하는 자에게 얼마나 주고 싶어하시는 가를 느끼게 된다. 그래서 주님은 한 번만 구하라고 말씀하시지 않고 구하라, 찾으라, 두드리라고 거듭 강조하신다. 하나님이 준비하신 것처럼 좋은 것을 어디서 찾을 수 있을까? 나는 너무 게으르다. 하루 시간 중에 기도하는 시간은 30분도 되지 않는다. 그저 필요에 따라 기도한다. 간절하지도 못한 것 같다. 열정적으로 매달려 기도하는 인내도 부족하다. 그저 습관인 것이다. 이런 기도를 하면서도 주님이 주시지 않는다고 불평만 해왔다. 이번 한 달은 직장 업무로 바쁘다는 핑계로 새벽기도와 기도 시간을 갖는 데 게을렀다. 구하지 않고 주시지 않는다고 불평만 하고 있는 내 모습이 부끄럽다. 기도에 게으른 것을 회개하며 반성한다.

● 결단과 적용

습관적으로 기도하지 않고 간절한 마음으로 기도해야겠다. 바쁘다는 핑계로 나가지 않던 새벽기도를 내일부터 다시 시작하여 이번 한 달간 매일 새벽기도에 참석하여 기도할 것을 결단한다. 하나님은 분명히 좋은 것을 약속하셨으니 주실 때까지 인내하며 기도하는 자세를 잃지 않아야겠다.

● 기도

하나님 아버지! 나태함으로 기도하지 못함을 용서하여 주시옵소서. 오늘 이 시간부터 잘못된 기도 자세를 고치려고 합니다. 구하고 찾고 두드리므로 좋은 것 주시는 하나님을 경험하며 살게 해 주옵소서. 그리고 내일부터 이번 한 달간 새벽기도에 매일 참석하려고 합니다. 성령님께서 저의 육적인 연약함을 아십니다. 붙잡아 주시고 인도해 주셔서 결단한 것을 실천할 수 있는 힘을 주시옵소서. 구하면 주시는 하나님께 감사드리며 예수님의 이름으로 기도드립니다. 아멘.

큐티 모델 2
성경 : 창세기 4장 1-10절

● 내용 정리

아담과 하와의 큰 아들인 가인이 하나님께서 아벨의 제사만 받으시고 자신의 제사를 받지 않자 심히 분하게 여겨서 동생 아벨을 돌로 쳐 죽임으로 최초의 살인자가 된 내용이다.

● 느낀 점

하나님께서 아벨의 제사를 받으시고 가인의 제사를 받지 않으셨다. 이에 대해 가인은 분노했다. 그는 자신의 문제점을 발견하기보다 동생 아벨에게 책임을 전가시켰다. 하나님은 분노하고 있는 가인을 훈계하셨다. 가인을 위로하거나 편을 들지 않으셨다. 미움과 시기심을 억누르지 못한 가인은 동생을 살인하고 말았다.

이처럼 자신을 돌아볼 줄 모르고 남 탓을 하는 사람이 끔찍한 죄를 범할 수 있다는 사실을 깊이 깨닫게 하신다. 나에게도 가인과 같은 모습이 있다. 나는 남이 나보다 잘되는 것을 보면 시기심이 생긴다. 특히 교회에 늦게 나온 사람들 중에 나보다 믿음이 좋은 사람들을 보면 더욱더 그런 마음이 생긴다. 이런 마음이 얼마나 큰 죄를 짓게 하는가를 이 시간 깨닫고 회개한다.

● 결단과 적용

얼마 전에 이 집사님을 미워했다. 그는 나보다 교회 생활을 늦게 시작했는데 나보다 먼저 집사가 되었다. 다른 사람들이 그가 신앙생활을 잘한다고 말할 땐 속이 메스꺼웠다. 오늘 성경을 통해서 나 자신이 얼마나 큰 죄를 짓고 있는지 깨달았다. 이유 없이 이 집사님만 미워했으니 가인과 뭐가 다르겠는가? 하나님의 책망을 달게 받지 못한 가인처럼 되어서는 결코 안 되겠다. 이 집사님을 미워한 것을 회개하며, 이제부터 그를 사랑하게 해 달라는 기도를 계속 하겠다. 그리고 그를 좀 더 따뜻하게 대하여야겠다. 내일 이 집사님을 찾아가 사과하고 용서를 구하겠다.

● 기도

하나님 아버지! 저의 좁은 마음을 용서하여 주시옵소서. 하나님께서 말씀으로 깨우쳐 주심을 감사합니다. 말씀으로 깨우쳐 주지 않으셨다면 평생 살인자로 살 수밖에 없었을 것입니다. 저는 신앙생활을 잘못하면서 집사는 되고 싶었습니다. 게다가 이 집사님을 미워했습니다. 이 시간 이후로 이 집사님을 사랑하겠습니다. 이 집사님을 찾아가 용서를 구하고 앞으로 서로 사랑하며 살게 해 주옵소서. 성령님께서 저의 마음을 주장해 주셔서 다시는 미운 마음을 갖지 않게 해 주시옵소서. 예수님의 이름으로 간절히 기도드립니다. 아멘.

큐티 모델 3
성경: 요한3서1:1～8절

● 내용정리

교회의 장로인 나는 진리 안에서 사랑하는 친구 가이오에게 이 편지를 씁니다.

당신의 영혼이 건강한 것처럼 몸도 건강하고 하고자 하는 모든 일이 다 잘되기를 기도합니다. 믿음의 형제들이 내게 와서 진리의 길을 따라 진실 되게 살아가는 당신을 칭찬하였습니다. 그 말을 들은 나는 얼마나 기뻤는지 모릅니다. 믿음의 자녀가 진리의 가르침을 따라 잘 지내고 있다는 소식보다 내게 더 큰 기쁨은 없습니다. 당신이 믿음의 형제들을 도우며 모르는 사람까지도 따뜻하게 대접하였다는 사실을 그들이 이 곳 교회에 와서 말해 주었습니다. 하나님께서 기뻐하시도록 나그네인 전도자들을 계속 도와주십시오. 우리가 직접 전도 여행을 떠날 수 는 없지만 그들을 도우면서 우리 역시 진리를 위해 함께 일하는 사람이 되는 것입니다

● 연구와 묵상

가이오가 나그네 된 자에게 행한 일이 진리를 위해 일하는 것으로 칭찬하는 이유는 가이오는 복음전파를 위해 여행하는 순회전도자들과 함께 있는 동안 필요한 음식과 숙박은 물론 떠날 때 길에서 먹을 양식과 여비까지 제공해 주었던 것으로 보입니다. 가이오는 진리대로 행동하는 사람이었으며 하나님 말씀을 관념과 지식이 아닌 전심으로 받아들였습니다. 개인적인 손해를 감수하면서까지 복음이 왕성하게 전파되도록 섬김을 아끼지 않았습니다. 요한은 이런 가이오의 환대를 칭찬하면서 그가 한 모든 일이 하나님이 보시기에 합당한 일이라고 말합니다.

● 느낀점

예수님은 지극히 작은 자에게 진리 안에서 행한 평범한 일들을 기억하시고 칭찬하십니다. 가이오는 진리 안에서 행할 뿐만 아니라 진리를 위하여 함께 일하는 자였습니다. 가이오는 순회 교사도 선교사도 아니었지만 가이오가 진리 안에서 행하는 증거는 나그네 곧 순회교사들을 영접하였고 잘 대접한 것이었습니다. 이는 예수님의 교훈을 그대로 실천한 것이었습니다.

내가 직접 선교사가 되거나 순회교사가 되지는 못하더라도 가이오처럼 그들을 최선을 다해 섬기는 것이 진리를 위해 동역하는 동역자가 되는 길이라는 것임을 깨닫습니다.

한사람을 따뜻하게 받아주는 것은 그렇게 힘들고 어렵거나 거창한 준비가 필요한 것도 아니고 극적인 상황에서 벌어지는 것도 아님을 느끼게 됩니다. 그저 진실한 사랑과 우정의 손길, 섬김과 환대의 품을 내어주는 것은 작고 소박한 일상인 것 같습니다.

예수님이 부탁하신 사명을 따라 복음을 들고 수고하던 전도자들을 사랑으로 살피고 돌보는 가이오의 사역은 바로 오늘 나의 삶의 현장에서 이웃에게 그리고 함께 동역하는 동역자들에게 즉시 진리 안에서 환대의 품을 내어주는 삶을 살라고 말씀하십니다. 그런데 나는 즉시 순종하지 못하고 미루고 포기하는 삶을 살고 있음을 깨닫습니다. 소극적인 나의 불순종을 회개하고 하나님께 칭찬 받고 공동체를 아름답게 세워가는 영적인 자가 되어야 함을 깨닫습니다.

● 적용과 결단

가이오는 진리를 위해 함께 동역하는 전도자, 교역자, 목회활동을 하는 일에 모든 수고와 배려와 후대를 했습니다. 그러나 저는 우리교회 여러 세미나를 통하여서 섬길 수 있는 기회가 많이 있었음에도 불구하고 제대로 섬기지 못해 섬길 수 있는 기회를 놓친 것 같아 안타깝습니다.

오늘 주신 말씀을 통하여서 앞으로 교회 세미나가 있을 때마다 간식으로 섬길 것을 결단 합니다. 그리고 진리를 위해 함께 동역하고 있는 동역자들 가운데 지금 병중에 있는 사랑하는 우리 지체들을 위해 더 간절히 기도할 것과 그들의 필요를 세밀하게 살피고 섬길 것을 결단합니다.

● 기도

사랑의 하나님 오늘도 부족한 저를 말씀을 통하여 깨닫게 해 주시니 감사합니다. 우리교회를 섬김으로 주님의 일에 동참할 수 있도록 인도해 주심에 감사합니다. 지금까지 주님께서 주신 섬김의 기회에 적극적으로 동역하지 못함을 용서해 주시고 앞으로 교회를 더 잘 섬길 수 있도록 도우시며 인도 해 주시기를 원합니다. 또한 우리교회 사랑하는 복음의 동역자들을 위해 환대의 품을 내어 주는 자 되게 하시고 결단한 것 잘 지켜 아름다운 사랑의 공동체를 세워가는 지체가 되게 해 주옵소서.

감사드리며 예수님의 이름으로 기도합니다. 아멘

큐티 모델 4
성경: 이사야 1:1∼9

● 내용관찰

이사야는 남유다 백성의 반역을 그 임자를 알고 있는 소, 주인의 구유를 알고 있는 나귀와도 못하다고 말합니다. 그는 유다땅을 포도원의 망대, 참외밭의 원두막, 에워싸인 성읍으로 표현하며 황폐해진 유다땅을 말합니다. 하나님께서 심판 중에도 회개를 기다리시며 생존자를 남겨주시지 않았다면 소돔과 고모라와 같았을 것이라고 말합니다.

● 연구와 묵상

이스라엘 백성은 왜 하나님의 심판받았음에도 계속해서 반역합니까?

이사야 1장의 배경은 앗수르의 침공으로 남유다가 유린당한 때 였습니다. 하나님의 기적으로 앗수르는 물러갔지만 백성은 하나님께로 돌이키지 않았습니다. 남유다의 상황은 죄로 물들어 성한 곳이 없는 상처투성이와 같았습니다. 속히 하나님께로 돌아가 상처를 치유받아야 함에도 끝까지 버티며 죽어가고 있었습니다. 하나님께서 이사야를 통해 하신 말씀과 같이 이스라엘 백성이 하나님을 알지 못하고 깨닫지 못했습니다.

● 느낀점

주님의 회복과 치유의 은혜로 제가 가진 능력보다 많은 것을 누리며 살고 있음을 고백하며 주님께 감사와 찬양을 올립니다. 건강을 회복시켜 주시고, 직장 내의 부서도 치열한 실적의 경쟁 속에서 벗어나게 해 주시어 평안을 주셨고, 자녀들도 건강하고 아름답게 자라게 하여 주셨습니다.

오늘 말씀을 묵상하며, 앗수루의 침공에서 회복 시켜 주셨음에도 하나님께 패역을 거듭하는 이스라엘 백성들의 모습에서 저의 모습을 봅니다.

어떻게 살아가는 것이 하나님 앞에 올바르게 사는 것임을 알고 있음에도 불구하고 작은 것 하나도 아는 만큼 행하지 못하는 저의 삶을 회개합니다. 하나님의 말씀을 듣는 것은 지식적 믿음이 아닌 행함임을 마음에 새깁니다.

저녁 잠들기 전 아내는 항상 저에게 물어 봅니다. '내일 새벽기도 가셔야죠?' '당연히 가야지요.' 당연하다고 대답합니다. '아빠 내일 저 새벽기도 가야해요' '응, 아빠도 가야해. 아빠가 깨워줄께' 자신있게 대답합니다.

하지만 다음날 새벽에 전 이불 속에 있었습니다. 반복되다 보니 이제는 스스로에 신뢰가 무너집니다. 새벽차량을 운행하시는 집사님들을 보며, 내년엔 나도 차량 섬겨야 할텐데 욕심을 내면서도 잘못된 습관화가 스스로를 두렵게 합니다.

새벽기도 나간다고 죽지 않을 텐데 라는 생각을 합니다. 하지만 말씀을 묵상하며 우습게도 저의 마음 속 한 군데에서 새벽기도 나가면 죽는다는 사단의 유혹을 품고 있었던 것을 깨닫습니다. 너의 몸은 정상은 아니니까 네 몸을 살펴야 돼 라는 유혹이 속삭입니다. 나쁜 생각이 저도 모르게 제 속에 자리잡고 있음을 깨닫습니다.

● 결단과 적용

알고 있으면서 행하지 못하던 것들을 행하며 하나님께로 돌아갈 것을 다짐합니다. 먼저 새벽기도를 회복하겠습니다. 순모임 방학기간 모든 새벽기도를 참석하며 기도로 하루를 시작하겠습니다.

나의 삶 속에서 하나님은 동행하시며 구체적으로 삶을 간섭하시고 선하신 길로 인도하심을 믿고 간구하며, 나의 삶을 주님께 의지하고 주님께 구하며 살아가겠습니다.

● 기도

하나님 아버지,

오늘 말씀을 통해 깨닫게 하여 주시니 감사합니다. 저의 삶을 하나님께 의지하며 하나님의 도우심을 구하며 사는 것이 마땅함에도 걱정과 불안으로 제 힘으로 살아가려 한 저의 모습을 회개합니다. 주님이 선하신 길로 인도하심을 믿고 주님께 의지하며 살아가겠습니다. 오늘 결단한 대로 행할 수 있도록 주님이 저의 힘이 되어 주시고 간섭하여 주시옵소서. 예수님의 이름으로 기도드립니다. 아멘.

LIFE
of
QT

이 율법책을 네 입에서 떠나지 말게 하며
주야로 그것을 묵상하여 그 안에 기록된 대로 다 지켜 행하라
그리하면 네 길이 평탄하게 될 것이며 네가 형통하리라
(수 1:8)